JN039123

大学4年間の社会心理学が10時間でざっと学べる

東京大学大学院
人文社会系研究科教授　亀田達也

はじめに

私は約10年間、東京大学文学部と大学院人文社会系研究科の教壇に立ち、学生たちに社会心理学を教えてきました。本書は、そこで教えてきた講義の内容を、初めて社会心理学を学ぼうとする方に向けて解説したものです。

社会心理学（social psychology）は、人々の社会場面での意思決定、集団の中で働く力学や人間関係、社会における「空気」の形成、文化の働きなど、ミクロな人間行動からマクロな集団・社会現象まで幅広い対象を科学的に理解しようとする学問領域です。社会心理学が扱う対象は、社会で生きている誰にとってもおなじみの日常的な現象です。では、そうした日常的な集団・社会現象を「科学的に理解する」とはどういうことでしょうか？

たとえば、最近よく耳にする「同調圧力」という言葉があります。同調圧力や自粛はコロナ禍でも強く働きました。こうした、皆がまわりを気にして同じように振る舞う社会現象を論じるときに、「決まりを維持しようとする集団心理が働いている」「日本の同調文化が強く作用した」などの「説明」がよく行われます。

このタイプの「説明」は一見わかりやすく（あるある！）、私たちの直感的な理解に訴えます。一方、多くの場合に、「あるある！」的な説明は、説明したい集団・社会現象を、「心理」や「文化」という言葉を使って単に言い換えている（再記述している）だけ、とも言えそうです。

そもそも、なぜ人には「同調する心、決まりを維持しようとする心」が備わっているのでしょうか？　また「同調圧力」は日本やアジアの社会に特有のものであり、本当に「文化」が圧力を生み出していると言えるのでしょうか？

本書では、こうした観点から、集団・社会現象をより原理的に説明しようと試みます。そのために本書は次の戦略を取ります。

①社会心理学が生み出してきた多くの知見を網羅的にカバーするのではなく、重要な集団・社会現象に絞って、なぜそれらの現象が起きるのか、その理(ことわり)(ロジック)を考える。
②そのロジックがデータによって支持されるかどうかを検討する。

本書は、会社や組織などで活躍するビジネスパーソンが、日々直面するさまざまな人間関係・集団現象を理解し、有効に対処するための「ものの見方(perspective)」を提供します。

社会心理学や、社会心理学と関係の深い行動経済学は、人間の社会・経済行動についてさまざまな実証的知見を積み重ねてきました。本書は、そうした知見を統合し整理するための「見通し」を与えることを目的にします。個別的な知見を覚えるのではなく「集団・社会現象を理解するための見通し」を得ることこそ、知識を実生活に活用し組織や社会を良くする目的に役立つのではないか、これが本書の視点です。

では、1日目の講義を始めましょう。本書を読み終えた後には、人間関係や集団・社会現象についての捉え方が少し変わるはずです。

東京大学大学院人文社会系研究科教授
亀田達也

CONTENTS

3 ミクロ―マクロ関係

第2部 社会的影響過程

4 他者がいるだけで影響が生じる

5 規範的影響と情報的影響

6 社会的影響が生み出す集団現象

7 多数派と少数派

第3部 社会的交換と協力

8 もう一度「適応」の意味を考える

9 社会的交換

10 互恵性―情けは人のためならず

第4部
集団として振る舞う

14 グループの問題解決

15 グループの意思決定

16 グループの情報処理

第5部
文化と社会行動

17 固定社会を超えて

18 文化と価値

第6部
社会心理学の方法

19 調査と実験

20 新しい方法論の展開と統合的な人間科学

装丁——二ノ宮 匡(ニクスインク)
図版作成・DTP——次葉

第1部

「社会的」とは：社会心理学の１つの見方

第１部のねらい

　アメリカの社会心理学者アロンソンは、『The social animal』という有名な概説書（Aronson, 2011）を書いています。ただの「社会的動物」ではなく「ザ・社会的動物」です。このタイトルからも、「人間の社会性こそ社会心理学の扱うべき中心的なテーマだ」というメッセージがよくうかがわれます。

　本書では、「人間の社会性」をめぐる社会心理学や関連領域のさまざまな知見を、「適応」と「ミクロ—

1 人間の社会性とは何か？

2 人間にとっての適応環境とは

3 ミクロ—マクロ関係

マクロ関係」という２つのキーワードを軸に有機的に整理することを試みます。

第１部では、ある人工的社会（“キノコ喰いロボット社会”）をイメージしながら、これらのキーワードの意味を解説します。集団や社会への１つの俯瞰的な視点として、本書の見方（パースペクティブ）を呈示することが、第１部の目的です。

10 hour Social Psychology 1

人間の社会性とは何か？

▶ 01　社会的動物

多くの学問で問われる人間の社会性

人間は**社会的動物**だと言われます。どんな時代にも社会を形成し社会を離れては生きていけないという事実は当たり前のように思われます。しかし、生物学の教科書を見ればすぐにわかるように、「集団や社会を作りその中で生きる」というやり方がただ１つの生き方ではありません。群れや集団を作らない動物種は数多く存在します。このことを考えると、「社会的動物」という生き方を可能にする何らかの心理・行動特性が、人間に備わっていなければならないはずです。そうした特性のことをとりあえず**社会性**（sociality）と呼ぶことにすると、人間の社会性とは何なのでしょうか。

「人間の社会性とは何か」という問いは、人文・社会科学系の学問の中で、長い間、形を変えながら問われ続けている、もっとも中心的な問いの１つです。たとえば、哲学や倫理学における「自己と他者はどのように共存できるか」「共感とは何か」という問い、社会科学全般にわたる「社会はどのように成立し、存続するのか」という問い。こうした共通の問題への関心から、「人間の社会性とは何か」という問いの深さがよくわかります。さらに言えば、**どのような形でこの問いを立て、どのような答えを求めるのか**ということ自体が、**学問分野の境界線**を決めているのかもしれません。たとえば、経済学、法学、政治学、社会学、人類学などの社会諸科学の間で、「社会はどのように成立し、存続するのか」という共通問題をどう問うかは、大きく異なっています。

30秒でわかる！ ポイント

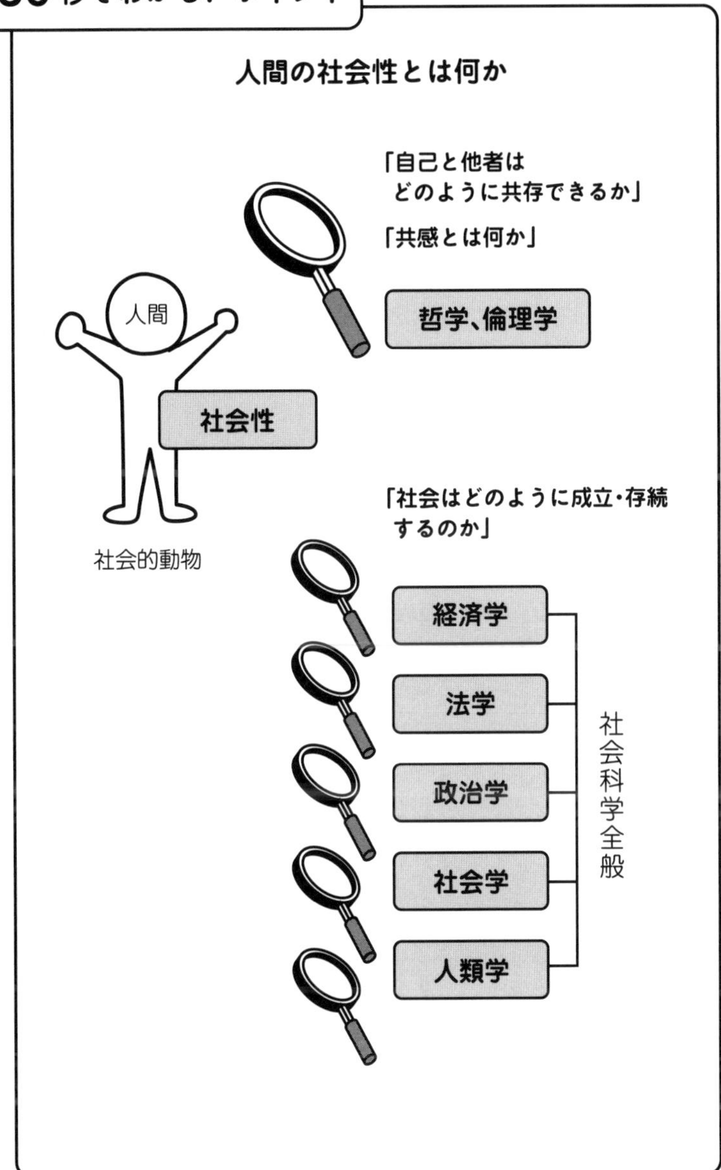

▶02 社会心理学の視点とは？

「適応」と「ミクロ―マクロ関係」がキーワード

社会心理学も人間の社会性を扱う分野の１つです。社会心理学は、社会学と心理学が接合する領域として**20世紀の初め**に生まれ、ミクロからマクロまで幅広い社会行動を研究対象としてきました。では、社会心理学はどのような研究視点に立つ学問なのでしょうか。

「人間の社会性とは何か」という共通問題へのアプローチの違いが学問分野の境界線を決めていると言ったものの、社会心理学の独自の視点について明確な合意があるようには思われません。たとえば、**「社会心理学とは社会場面における心理・行動を実証的に研究するアプローチである」**という定義が存在します。しかしこの定義では、研究の対象（＝社会場面における心理・行動）と手法（＝実証）がざっくりと述べられているだけで、どのような考え方に立つ研究領域なのか、はっきりしません。もちろん、実証的な、つまりデータに基づく社会行動の研究は、社会心理学の占有物ではありません。

こうした定義のされ方からもわかるように、社会心理学は短い歴史の中で、データをどう解釈するか、得られた知見は歴史や文化とどのように関わるのかなどをめぐって、何度も**アイデンティティ（存在）危機**を経験してきました。

このことを踏まえて、本書では、**特定の視点**に深く関わりつつ、人間の社会性を考えることを試みます。以下で見るように、本書を通じてのキーワードは、「**適応**」と、「**ミクロ―マクロ関係**」の２つです。本書では、これらの２つの概念を軸として、社会心理学の知見を整理していきます。

30秒でわかる！ ポイント

社会心理学を定義することの難しさ

「社会心理学とは社会場面における心理・行動を実証的に研究するアプローチである」

→ これだけでは定義できていない

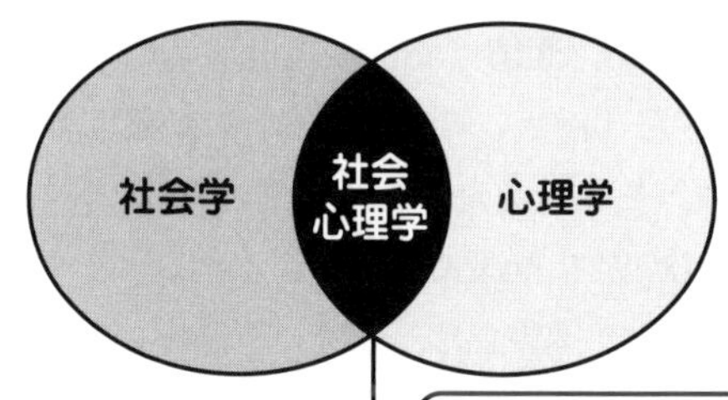

手法：実証研究

- データに基づく社会行動の研究は社会心理学に限らない
- データをいかに解釈するか
- 得られた知見は歴史や文化とどう関わるのか

対象：社会場面における心理・行動

本書の視点：

人間の社会性を「適応」と「ミクロ — マクロ関係」で見る

▶ 03 適応とは？

与えられた環境で生存していくために

最初のキーワードとして、**適応**（adaptation）という概念を考えてみましょう。「A さんは新しい職場に適応している」などの表現からもわかるように、この言葉のふだんの使い方は、「やめたり病気になったりせず、心理的に健康にやっている」ことを意味する場合が多いようです。しかし本書では、適応の概念を日常的な意味（「心理的に健康である」）ではなく、進化生物学に準拠した形で、**「物質的」な意味**で用います。**進化生物学**では適応的な特性という概念を、自分や血縁者（子孫や親族）が生存しやすくなる特性と捉えます。たとえば、「狩りがうまい」という特性は、資源を安定的に供給できる点で、原始の環境では自分と血縁者が生き残る確率を高める有利な特性です。また、狩りの下手な個人は配偶者として選ばれることが少ない（“もてない”）という意味でも、子孫を残しにくいことになります。

冒頭の「ある職場でうまくやれる」かどうかは、ただちにではないにせよ、個人と血縁者の生き残りに影響します。それでは、具体的にどのような特徴をもつ社会行動が「職場でうまくやれること」につながるのでしょうか。もっと一般的には、人間の社会行動のどのような特徴が、与えられた環境の中でうまく生存していける結果を生み出すのでしょうか。本書では、「**ある行動が社会という環境において、個人や血縁者の生存という最終目標に対し、どのような意味で物質的・経済的に有利になるのか**」という観点（＝**適応的視点**）から、行動の成り立ちや細部のしくみを考えていきます。

30秒でわかる！ ポイント

社会心理学における適応(adaptation)

適応的な特性：自分や血縁者（子孫や親族）が生存する確率を高める特性

→ 進化生物学に準拠した「物質的」な意味をもつ

「狩りがうまい」という特性

資源を安定的に供給
＝生存確率が高まる

配偶者を得やすい
＝子孫を残しやすい

人間の社会行動のどのような特徴が、環境の中でうまく生存していける結果を生み出すか

最終目標：個人や血縁者の生存

適応的視点：「どのような意味で物質的・経済的に有利になるのか」

適応的視点を通して行動の成り立ちや細部のしくみを考える

目的：生存、子孫を残す

▶04 発見的な道具①

心臓には弁があるはずだ

この点を少し展開してみましょう。一般に、身体的な特性であれ、行動的な特性であれ、生物のさまざまな特性を研究する上で、それらが何の役に立っているのかをまず考えてみる「適応的視点」を取ることは、**科学的な発見のための有効な道具**になり得ます。具体例をいくつかあげましょう。

17世紀のイギリスの医師・生理学者ハーヴェイは心臓の弁を発見した人として知られています。「僧帽弁」など、高校の生物学で習った読者もいるかもしれません。では、ハーヴェイは、どのように弁を発見したのでしょうか。循環器系を網羅的に調べていて、たまたま弁の発見に至ったのでしょうか？　実はそうではないようです。ハーヴェイは心臓の目的・機能を考えることから出発し（もちろん血液の循環が目的です）、「血液を循環させるためには、ポンプと同様、逆流を防ぐ弁が必要なはずだ」という見込みを導き、実際、弁の発見に至りました。ここでのポイントは、ある器官が「そもそも何のために存在するか」という**器官の最終目的**を考えることが、その**器官のもつ細部の特徴**を推論し理解する上で、決定的に役に立つということです。言い換えると、器官の細部の諸特徴は器官が達成するべき目的を実現するためにデザインされているはずだ、という着想です。ハーヴェイの例では、「心臓は血液を全身に効率よく、逆流が発生しないように送り届けるポンプである」という、**心臓の目的・機能についての洞察**を得たことが弁を発見する鍵でした。

30秒でわかる！ ポイント

最終目的を考える：ハーヴェイの心臓膜発見

心臓の目的は？
→血液を循環させる

ウィリアム・ハーヴェイ

血液が循環するには
ポンプのように
逆流を防ぐ弁があるはず

ポンプ

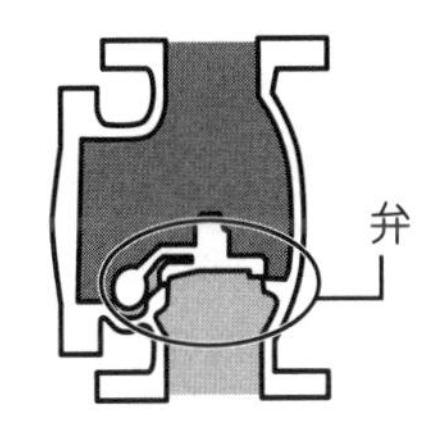

心臓

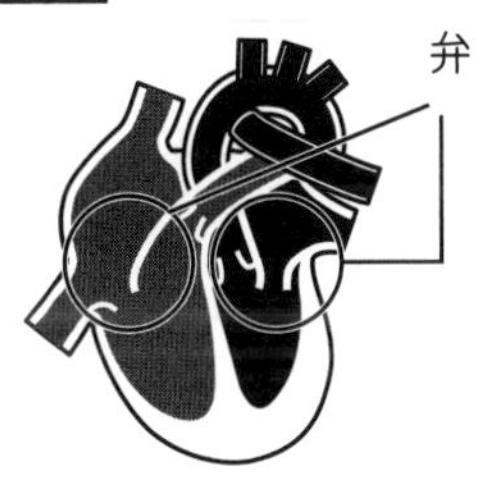

当たりをつけた結果
弁を発見

器官の最終目的 を実現するために
デザインされている 細部の特徴

↑
これを考えれば ……………… 細部の特徴を推論できる

▶05 発見的な道具②
その行動は何のために存在するのか

別の例をあげましょう。時計が時を計る目的のために設計された機械だということを知らない人が、「人々が腕にはめている不思議なもの」の特徴を研究するとします。たとえば、アナログの腕時計は文字盤、針などの特徴をもちます。文字盤の形（丸か四角か）は本質的な特徴ではありませんが、**時計の目的（時を計る）を知らない研究者**は、形を分類する作業に本腰を入れるかもしれません。これが時計を理解する上で徒労に終わることは、時計の目的を知っている私たちにはただちに理解できますが、同じような落とし穴は、人間の社会行動を考える上でも当てはまるのかもしれません。

つまり、ある社会行動が何の目的で存在するのか、**個々の特徴はその目的のためにどんな機能を果たしているのか**をまず考えてみることが、行動の本質を理解するために重要な意味をもちます。適応的視点は、多くの社会行動が、個体や血縁者の生き残りという最終目的のもとにデザインされていると仮定し、デザインの具体的な中身（行動の諸特徴）を考えます。

もちろん適応的視点は、時に重大な誤りを導く場合があります。偶然の産物（恣意的な行動や特性）にもっともらしい適応的意味を見いだしてしまうなどの危険性です。しかし全体的に見れば、人間の社会行動の特徴を理解する上で、何のためにその行動は存在しているのだろう、何の機能を果たしているのだろうと考えることは、科学的発見の道具として役に立つはずです。

30秒でわかる！ ポイント

個々の特徴が果たす機能を考える

時計の目的を知らない人が時計を研究する

→特徴の分析
・文字盤と針がある
・形状を分類（実際には時を計る目的とは無関係）
※社会行動を考える際にも同じような誤謬を犯す可能性も

丸形

四角形

社会行動の本質を理解する

→特徴の分析：
個々の特徴はその目的のためにどんな機能を果たしているのか

適応的視点
社会行動

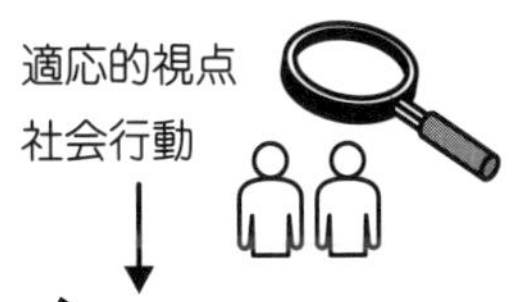

個体や血縁者の生き残りという最終目的のもとにデザインされている

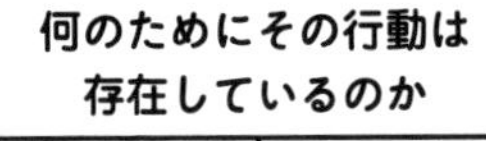

→デザインの具体的な中身(行動の諸特徴)を考える
※恣意的な行動や特性など偶然の産物にもっともらしい適応的意味を見いだしてしまうといった危険性に注意

何のためにその行動は存在しているのか	何の機能を果たしているのか

を考える

↓

科学的発見の道具として役に立つ

↓

人間の社会行動の特徴が理解できる

▶06 “キノコ喰いロボット”

キノコを食べて生き残るためにどう行動すべきか

話が抽象的になってきました。別の言い方を試みます。偉大な社会心理学者・戸田正直は、興味深い**思考実験**を行っています。「キノコ喰いロボットのデザイン」と名づけられた論文（Toda, 1962）で、戸田は、ある惑星にロボットを送り込んだときにどのような要素がロボットに必要になるかを考察します。ロボットは、惑星に生えているキノコを食べながら自活する**自律エージェント**です。

それでは、キノコを安定して食べ生き残るという最終目的を実現するためには、どのような特性が必要になるでしょうか。知覚系や運動系が必要なのはもちろん、キノコを探索する時間やエネルギーを節約するためのデザイン、たとえば、どこにキノコが生えていたかを学習・記憶する系、不確実な情報からキノコのたくさん生えていそうな場所を推論するための判断系など、**多様なサブシステム**がロボットの生き残りには必要となります。

さらに具体的にどのようなしくみがロボットに実装されるか（たとえば、必要な記憶容量や推論のルールなどをどう設計すべきか）は、その惑星がどのような環境かに依存します。ここでのポイントもまた、ある環境での生き残りという最終目標を実現するために、具体的な行動システム（運動系、知覚系、記憶系など）が設計される点にあります。つまり、**与えられた環境への適応**が、システムのデザインにとってもっとも本質的ということです。自律ロボットという人工生命体が、人間の比喩であることは明らかでしょう。そこにあるのは「**能動的に適応する人間**」というイメージです。

30秒でわかる！ ポイント

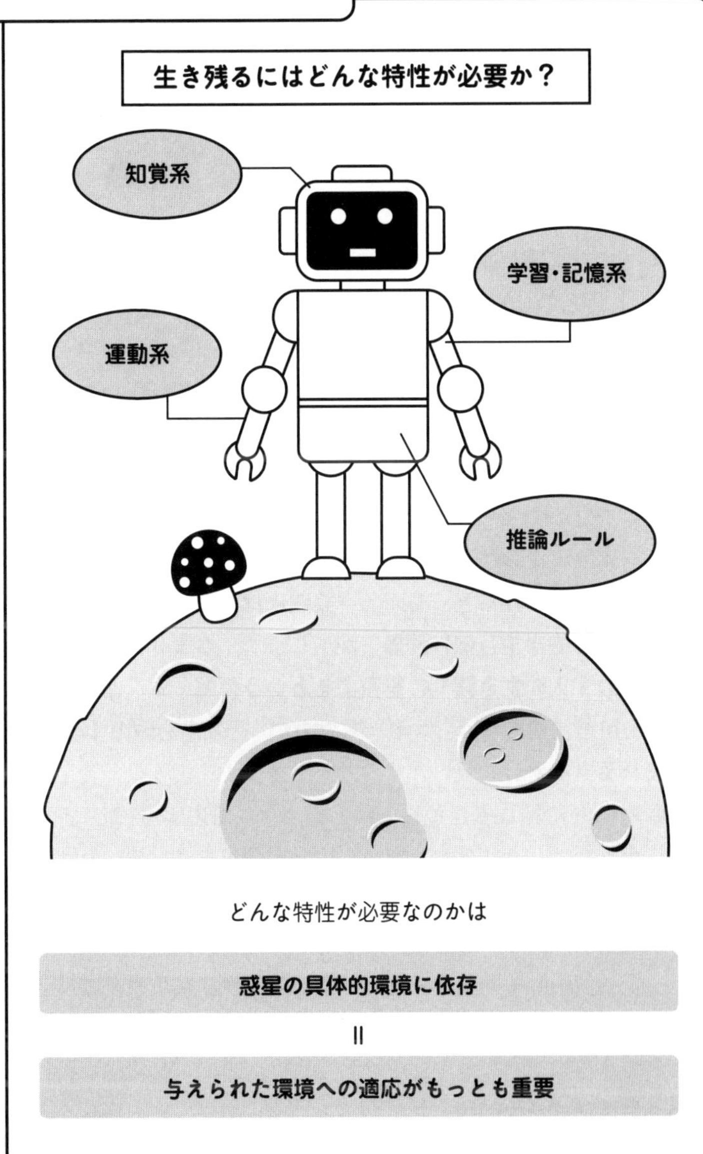

10 hour Social Psychology 2

人間にとっての適応環境とは

▶ 01 相互依存と社会性①

1人の生き残りが他の1人の生存に影響する

それでは、**人間が適応すべき環境**とは何でしょうか。

戸田の「キノコ喰いロボット」にとって最初の適応環境とは、送り込まれた惑星の自然環境でした。ロボットは惑星でキノコを採取しながら、孤独に生き残りを図るわけです。惑星にはキノコに頼って生きる複数のロボットがいますが、ロボットの間に、ふつう私たちが考える意味での社会が存在しているとは言えないでしょう。

しかし、ここで、キノコ資源がだんだんと枯渇してきたり、あるいは、ロボットを食べる捕食者が出現したりという新たな事態を考えましょう。こうなると、ロボットの間には、良い意味でも悪い意味でも「**物質的な相互依存関係**」が生じます。つまり、**1人の生き残りが他の1人の生き残りに影響するという事態**です。この事態に至って、初めて私たちは、ロボットの中に、**行動や心理の「社会性」が生まれるきっかけ**を見いだすことができます。

資源の枯渇に対してロボットはどのように対応するでしょうか。出し抜かれないように他のロボットの動向に気をつける、ロボット同士で資源の共同管理を始める、よそ者は排除する、などといった対応策が次第に生まれてくるかもしれません。捕食者の出現に対しても、皆で協力して防衛するなどの対応策が次第に生まれてくるかもしれません。

ここで注目したいのは、こうした行動や心理が、基本的に**「社会」という生活形式を大前提**にしているという点です。この意味を次に考えてみましょう。

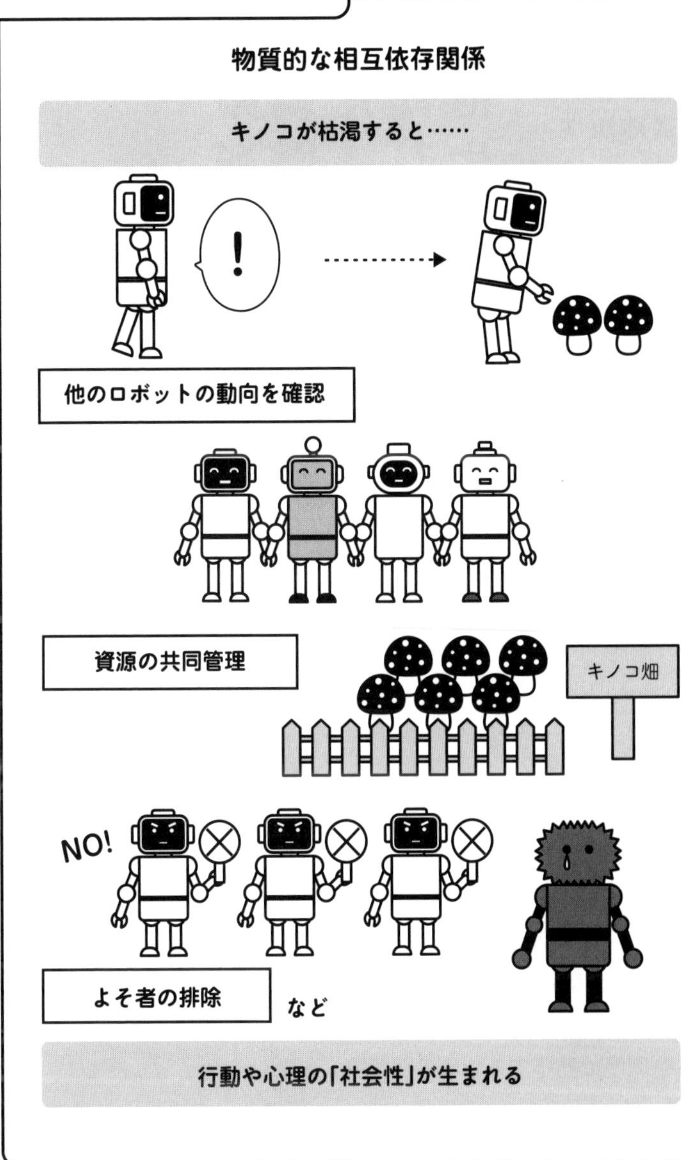
30秒でわかる！ ポイント
物質的な相互依存関係
キノコが枯渇すると……
!
他のロボットの動向を確認
資源の共同管理
キノコ畑
NO!
よそ者の排除
など
行動や心理の「社会性」が生まれる

10 hour Social Psychology 2

人間にとっての適応環境とは

▶ 02 相互依存と社会性②

群れることを選んだ結果生じる問題

１人の生き残りが他の生き残りに物質的に影響する相互依存関係に至って、ロボットの行動や心理に「社会性」が生まれると述べました。このことを考えるために、逆説的ですが、**「天国に社会はあるか」**という問いを立ててみましょう。

「天国」という定義自体から、そこには生き残り問題が一切存在しません。資源枯渇や捕食者出現もあり得ない以上、「物質的な相互依存関係」は天国の住人の間に存在しません。だとすれば、個々の住人にとって、ばらばらに存在することをやめてわざわざ「社会を作る必然性」はあるのでしょうか？　もちろん「１人では寂しいから他の住人と付き合う」という心理的な観点からすれば、社会を作る必要があるようにも思えます。しかしそもそもなぜ、「１人でいると寂しい」という人間的な心理を、天国の住人がもつ必然性があるのでしょうか？　社会生活にはわずらわしさや葛藤が伴います。生き残り問題さえなければ、わずらわしい社会関係を作らず１人で生きる方がよほど気楽かもしれません。

ここでの論点は、ロボットは「物質的な相互依存関係」での生き残り問題を解くために**「わざわざ社会を作った」**ということです。自然環境への適応という要素は重要です。しかし「群れる」という存在形式を選んだ結果、今度は群れの中でどう生き残るかという**「社会環境で適応するための問題群」**が新しく生じたわけです。「人間くさい」ロボットたちと同じく、**人間にとっての最大の適応環境とは、「社会という生活形式そのもの」に由来する**と考えられます。

30秒でわかる！ ポイント

資源枯渇

捕食者出現

物質的な
相互依存関係なし

生き残り問題が一切存在しない天国で
社会を作る必然性はない

＝

「社会」は生き残り問題を解くために作られたもの

▶ 03 群れ生活と脳の進化①

大脳新皮質が大きい種は群れも大きい

群れという生活環境に人間が高度に適応してきたという主張には興味深い証拠があります。霊長類学者ダンバーは、霊長類（サル・類人猿）の大脳新皮質の大きさを調べたところ、重大な事実を発見しました。大脳新皮質とは、ヒトでは、知覚や認知、判断、言語、思考、計画など、いわゆる精神活動が営まれている場所です。ダンバーは、**サル・類人猿の大脳新皮質の大きさ**と、**それぞれの種の平均的な社会集団（群れ）の大きさ**とを比べたところ、両者の間に関係があることを発見しました（Dunbar, 1992）。横軸にさまざまな種の大脳新皮質の大きさ（大脳新皮質以外の部分の量に対する相対的な大きさ）を取り、縦軸にその種で観察される平均的な群れの大きさ（個体数）を取ってグラフ化すると、大脳新皮質が大きい種ほど群れも大きいという関係が見て取れます。

このことは何を意味するのでしょうか。注目すべきは、脳という器官は非常に**ランニングコストの高い器官**だという点です。ヒト成人では、脳が体全体に占める体積は5％程度ですが、消費するエネルギーは全体の20％にも上ります。そのような高いコストにもかかわらず、類人猿が大きな脳を進化的に獲得し維持してきたことの理由は、**コストに見合うだけの必要**があったからと考えざるを得ません。その必要とは、社会集団（群れ）の増大に伴う、**情報処理量**（知覚、認知、判断、言語、思考、計画など）の爆発的な増大だったと考えられます。

30秒でわかる！ ポイント

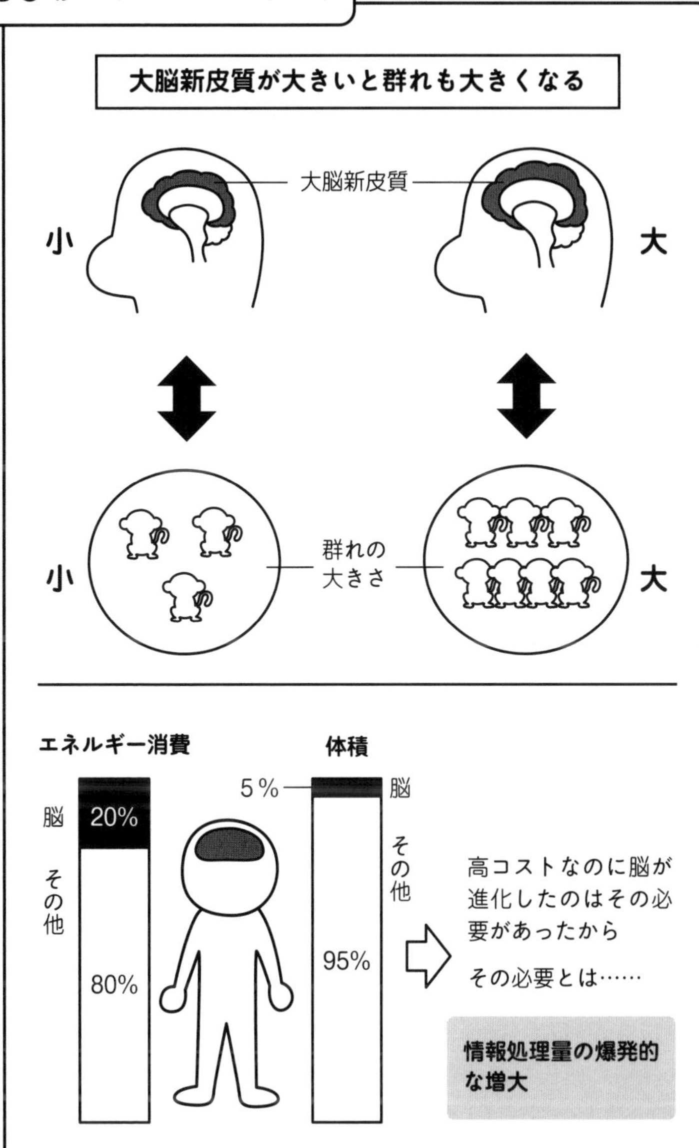

▶04 群れ生活と脳の進化②

人間の最大の敵は人間

群れや社会で生きることは、孤独に生きる場合に比べて、はるかに**複雑な情報処理能力**を要求します。キノコ喰いロボットを思い出すと、物質的な相互依存関係が生じてきた環境では、他の動向に常に注意を払わねばなりませんし（出し抜こうとしたり、出し抜かれないように見張ったり）、よそ者や捕食者に対しては、一致団結して対抗しなければなりません。こうした複雑な知的作業に必要な能力は、キノコのありかを探すだけの孤独なロボットに必要な能力をはるかに上回ります。このような「霊長類の大きな脳は自分と同じくらい賢い相手と常に付き合うことの複雑さに由来する」という考え方は、**社会脳仮説**（social brain hypothesis）と呼ばれます。

ダンバーは大脳新皮質の大きさから見て、人間にとっての本来の社会集団の大きさは150人くらいと推論しています。150人という数字は、東京の人口を考えると少なすぎる（1400万人 vs 150人）感じがしますが、伝統的な部族社会における氏族（クラン）など、儀礼的な意味で重要な集団は150人前後だと言われます。

150人が本来の群れサイズかどうかはともかくとしても、人間にとってもっとも重要な適応環境が、社会という生活形式そのものにあることは明らかだと思われます。社会という生活形式をヒトの祖先が選んだ瞬間から、人間は社会関係に伴うさまざまな正・負の側面を適切に処理しなければならない運命を引き受けたわけです。「**人間の最大の味方は人間であるが、最大の敵も人間である**」という言葉は納得のできる表現です。

30秒でわかる！ ポイント

社会脳仮説

物質的な相互依存関係が生じると……

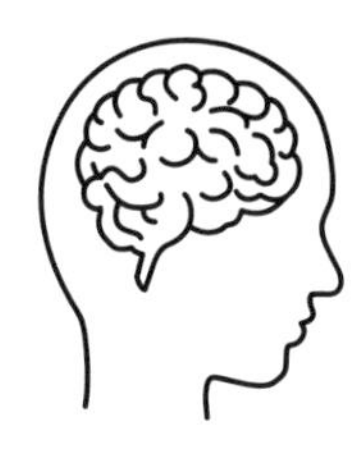

同じ知能

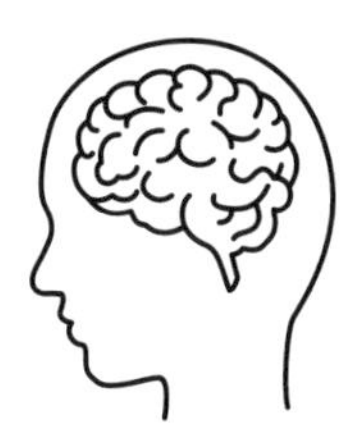

同じ知能

・他の動向に注意
・読みあい
・一致団結して対抗など
⋮

複雑な情報処理能力が要求される

大きな脳が必要

霊長類の大きな脳は
自分と同じくらい賢い相手と
常に付き合うことの複雑さに由来

＝

「社会脳仮説」と呼ぶ

10 hour Social Psychology 3

ミクロ―マクロ関係

▶ 01　社会規範の起源①

群れ社会で生まれる複雑な相互依存関係

群れ生活が高度の情報処理能力を要求する理由は、群れの中では各個体が独立して存在するのではなく、複雑に依存しあう関係にあるという点です。相互依存という言葉は、ふつう、お互いに助け合う、協力するという良い意味で用いられることが多いのですが、ここでの相互依存は**プラスの関係**だけに限られません。貴重な食物を他人と争う場合でも、人々の間には**マイナスの相互依存関係**（一方の利益が他方にとっての損失になる競合関係）が存在しています。つまり、群れ生活をする個体たちは、プラス・マイナスの**複雑な網の目**にからめとられています。したがって、そこでどのような社会行動が生まれるかを検討するためには、相互依存関係の構造に注目する必要があります。このことを、本書の**2つ目のキーワード**である「**ミクロ―マクロ関係**」(micro-macro relations) という概念を用いて考えてみましょう。

再び、キノコ喰いロボットたちに登場を願います。食糧資源の枯渇という危機的事態に直面して、ロボットたちが資源の共同管理を始めたとしましょう。「このままでは全滅してしまう。キノコを過剰に消費してはいけない」というテーマを旗印に、「ロボット社会の創始者たち」は、食糧資源を皆で一丸となって維持していくために、徹底的な社会教育を始めたとします。その結果、数世代たったロボット社会では、**資源の共同管理に関する社会規範（共通信念）**に加え、「キノコを食べすぎると恐ろしい罰が当たる」といった神話さえ生まれているかもしれません。

30秒でわかる！ポイント

社会規範の起源①

相互依存

お互いに協力し助け合う関係

キノコの探索や発見場所の共有など協力してキノコを得る

キノコの生えていた場所の記録や生えていそうな場所の分析をして探索チームに情報を送る

一方の利益が他方の損失になる競合関係

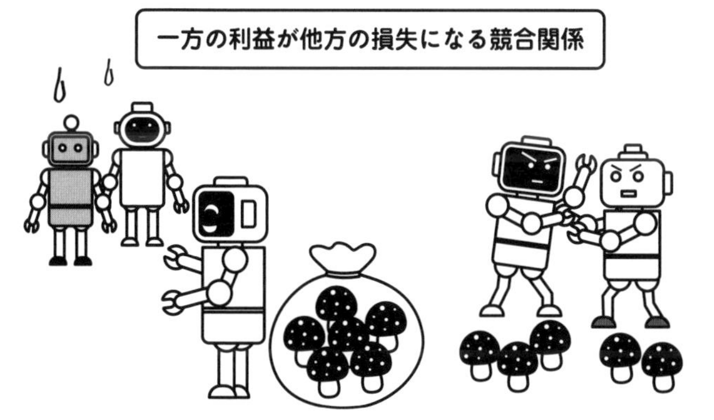

嘘の情報を流して自分だけでキノコを独り占めする

キノコの生えている場所の所有をかけて争う

10 hour Social Psychology 3

ミクロ―マクロ関係

▶ 02 社会規範の起源②

社会規範が維持される理由はどこにある？

「〜してはいけない」「〜であるべきだ」といった共通信念のことを**社会規範**（social norm）と呼びます。規範は社会科学の中で広く用いられる重要な概念です。さて、ロボットを送り込んだ人間たちが、数百年後に惑星を訪れたとしましょう。人間たちは、ばらばらの個体として送り出したロボットが今や社会を形成し、キノコに関する共同管理のシステムが**制度（決まり）**として存在することに気づかされます。そこでは、警察や法というハードな形式に加え、規範や神話というソフトな形式でも、制度が生活の隅々に浸透しています。

では、「キノコを食べすぎてはいけない」という社会規範の存在をどう説明できるでしょうか。「創始者たち」のキャンペーンに規範の**歴史的な起源**を求めることは可能です。しかし、その規範が何世代もたった今もなお、なぜ古びずに実効を伴ってロボット社会で維持されているのでしょうか。その答えは簡単ではありません。

１つの説明は、規範がロボット社会の存続にとって役に立っているからという**「機能的な説明」**です。この説明は、社会学で**機能主義**（functionalism）と呼ばれます。「社会」というまとまりが、それ自身を存続させるために、うまく機能する制度（法律・規範・慣習・道徳など）を生み出し維持している、だからその制度が存在するという議論です。この説明は、適応的視点と一貫するように思えます。しかし、この説明には変なところがないでしょうか？　このことを古典的研究により説明します。

30秒でわかる！ ポイント

社会規範の起源②

社会規範

ロボット社会を維持するために
個人が同調することを期待される行動や考え方

機能主義

社会や集団というまとまりが「全体として機能する」という考え方を機能主義という

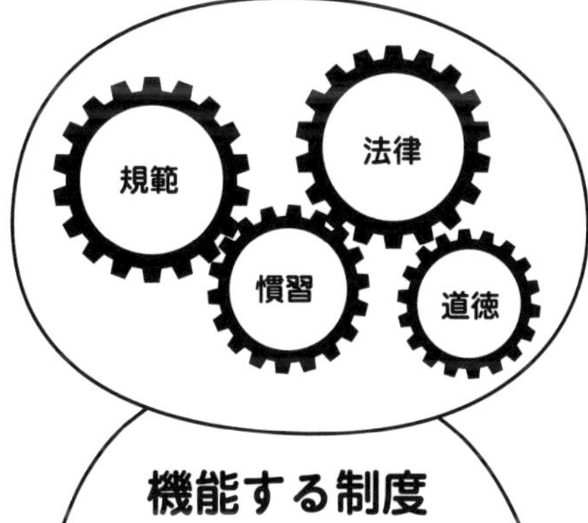

「社会」というまとまりがそれ自身の存続のために、うまく機能する制度を生み出し維持している

10 hour Social Psychology 3

ミクロ―マクロ関係

▶ 03 集団錯誤

集団や社会が意思をもつことはない

その昔、暴動や群衆行動といった集団現象を説明するために、**集合心**（Le Bon, 1895)、**集団心**（McDougall, 1920）などの概念が提唱されました。ふだんからは考えられない集団現象を説明するために、**個人を超えた「マクロレベル（群衆レベル）の心」**が仮定されたわけです。集団や社会の現象を論じる際に、マクロな単位（集団、社会）を説明の単位として使う議論はよく見られます（「学校がいじめを生み出した」「海外展開は組織の意思だ」)。

しかし、こうした“説明”は妥当でしょうか。組織が意思をもつ、群衆が心をもつなどの表現は、集団現象を**記述**するために有用ですが、それの**説明**としては**論理的に不十分**です。さまざまな人間からなる集団や社会は、個人と同じ程度には一枚岩ではあり得ず、持続的な意思や心をもち得ないからです。オルポートは、集合心・集団心などの概念は、集合体や集団をまとまりや心をもつ「持続的な実体」と見る誤った概念設定であると批判し、そうした論理的誤りを**集団錯誤**（group fallacy）と名づけました（Allport, 1924)。

さて機能主義とは、規範が存在するのは社会の存続のために適応的な機能を果たすからという説明でした。この説明が、「“ロボット社会”が自らの存続のためにキノコについての規範を維持している」という主張だとすれば、それは**社会を実体視**した、集団錯誤の議論になります。個人が規範に従うかどうかの意思決定はできても、社会自体が行為者として規範を維持したり廃棄したりすることは論理的に不可能だからです。

30秒でわかる！ ポイント

集団錯誤

暴動など通常では考えられない集団現象が起こる理由として、

個人の心理とは別に「群衆レベルの心」が存在する

と主張。

ル・ボン(1895)
集合心

集団という実体のないものを機能として扱い、心(意思)が存在すると説明した。

マクドゥーガル(1920)
集団心

しかし、さまざまな背景を持つ個人が集まる社会や集団が、意思や心をもつことは論理的に説明ができないことから、

集団が個々の心理を超えて1つのまとまりや心をもつ持続的な実体と想定するのは幻想にすぎない

と批判した。

オルポート(1924)

この論理的誤りを **集団錯誤** という。

たとえば、クラスで起きたいじめの原因を、個人のやりとりや関係の力学ではなく、「学校の雰囲気・風土」などに求めるのは筋道が違うのではないか？

▶ 04 キノコ喰いロボットのジレンマ①

社会全体の利益と、個人の利益追求は相いれない

この議論を展開してみましょう。

生存の鍵を握るキノコ資源が枯渇し始めた「ロボット社会の創業者たち」の時代のことを想像してください。重要なのは、資源が枯渇しつつある状況でも、「他人を出し抜いてキノコをたくさん食べる」行為の方が、「社会全体のことを考えてあまり食べない」行為よりも、当の個人にとっては、少なくとも**短期的な意味で有利（＝適応的）**だという点です。もちろん、誰もが自分勝手にたくさん食べ始めたらキノコ資源はあっという間に枯渇してしまい、ロボット社会全体が消滅の危機に瀕します。しかし、他人がどう振る舞おうと（食べるのを控えようと控えまいと）、個人だけの利益を問題にしたときには、常に、「たくさん食べる」方がその個人にとっては有利になります（地球温暖化の問題でも同様です）。

言い換えると、ここでは、**社会全体の利益**と、**個人の利益追求**が一致しません。このような事態は、後ほど詳しく見るように、**社会的ジレンマ**（social dilemma）と呼ばれます。ロボット社会の創業者たちは、徹底的な社会教育で規範を個人に浸透させることと、警察や法などの有効な制裁装置を作り出すことで、この社会的ジレンマを解決しようとしました。社会教育は有効な方法ですが、規範に対する掟破りが時に生まれてくるのを完全に防ぐことはできません。となると、最終的に有効なのは、社会的な制裁を通じて「１人だけたくさん食べようとする」**エゴイスト**をうまくコントロールする努力でしょう。

30秒でわかる！ ポイント

キノコ喰いロボットのジレンマ①

社会的ジレンマ

個人の利益を追求すれば社会全体の利益は確保されず、
社会全体の利益を追求すれば個人の利益は確保されない状況。

ロボット社会の生存の鍵を握る共通の信念「規範」

キノコは食べすぎない！

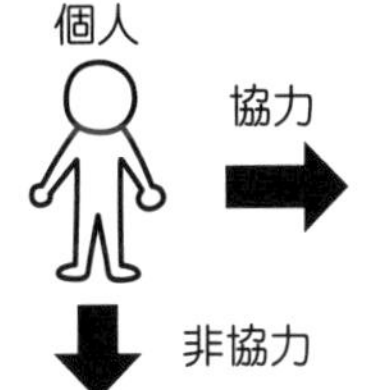

協力する場合

規範を守り１人１人が我慢する

↓

ロボット社会は維持される

社会的ジレンマ

協力しない場合

規範を守らずたくさん食べる

↓

全員が我慢せずに食べたら
キノコはどんどん減ってしまう

↓

ロボット社会消滅の危機へとつながる

協力しない方が自分にとっては得だけど、みんなが協力しないと困ったことになってしまう。

社会全体の利益と、個人の利益追求が一致しないことから生じるジレンマのことを社会的ジレンマという

▶05 キノコ喰いロボットのジレンマ②

社会規範の掟破りに誰が制裁を加える？

さて、誰もが規範を守って暮らしていたロボット社会に、突然変異の**掟破り**が現れたとします。最初の掟破りは制裁を受けるでしょうが、その行動をまねるロボットたちが次々に現れたらどうでしょうか。制裁は手が回らず、結局、掟破りたちの方が、規範に従うロボットよりも得をすることになります。その結果、規範に従うロボットの数はさらに少なくなり、規範は崩壊に向かうでしょう。

こうした状況で、制裁装置を維持できるでしょうか。「抜け駆けしたエゴイストに個人的に罰を与える」という行為を考えてみます。個人的な罰ですが、これも立派な**社会的制裁**です。しかし、ここでの問題は、抜け駆け者に罰を与えるのには**コスト**がかかる点です。相手に返り討ちされる危険を考えてみてください。となると、抜け駆け者に怒りは覚えても、自分は罰を与える労をとらず、誰か他のロボットが罰を与えるのを待つことにならないでしょうか。ここでもまた「罰を与える」「罰を与えない（見て見ぬふり）」という行為の選択について、「たくさん食べる」「控え目に食べる」という行為の選択と**同じ構造の社会的ジレンマ**が存在しています（警察に取り締まってもらうという議論に対しては、警察を維持するコストを払うか、払わないかという同型のジレンマが存在します）。「見て見ぬふりをする個人を罰する」というもう一段上の解決策も考えられますが、相手に罰を与えることには同じくコストがかかり、**どこまで遡ってもこのジレンマから簡単には抜け出せない**ことは明らかです。

30秒でわかる！ ポイント

キノコ喰いロボットのジレンマ②

2次的ジレンマ

規範への同調を促すために「～してはいけない」「～であるべき」と、共通の信念や価値観を作り対処してきたが、規範を守らない厄介な人物が現れたときはどうしたらいいのか？

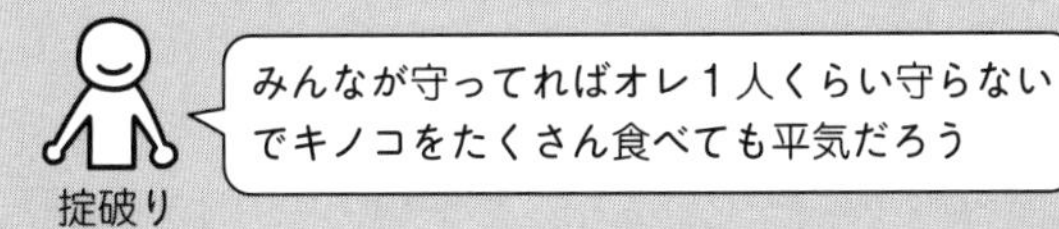

法律などの制裁装置を作ることで、個人の利益追求を抑え社会的ジレンマを抑制しようとするが、掟破りは次々に現れる。

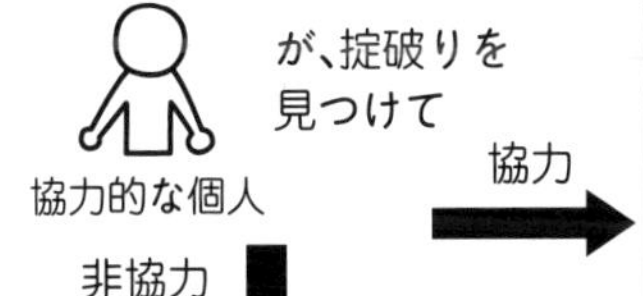

罰を与える

注意したり、警察に通報したり、捕まえて警察に突き出したりと制裁を加えることもできるが、

罰を与えない

協力的な人の中にも、めんどくさかったり、怖かったりと手間（コスト）がかかるので、掟破りを見つけても見て見ぬふりで何もしないこともできる。

キノコをたくさん食べる、食べ過ぎないように我慢するという行為の選択と同じく、罰を与える、罰を与えないという行為の選択が存在する。ジレンマからは簡単には抜け出せない。

10 hour Social Psychology 3

ミクロ―マクロ関係

▶06 ミクロ―マクロ・システム①

機能主義では説明がつかない社会規範

社会的ジレンマの問題は、個人にとってのミクロな利益追求と、社会全体にとってのマクロな利益とが一致しないことから生じるジレンマでした。もしミクロ、マクロという2つのレベルの間で利益が完全に一致するのであれば、個人にとっての適応的な行動は、社会全体にとっても適応的な結果を生み出すことになります。つまり、個人の生き残りが社会や集団の存続に直結します。しかし、社会的ジレンマの構造はそうなっていません。個人にとっての適応が、群れや社会全体の存続と一致しないという社会的ジレンマの構造は、社会行動や集合現象をどう説明すべきかについてのヒントを提供します。

キノコをめぐる規範の例に戻りましょう。繰り返すと、規範を維持することはロボット社会全体にとっては望ましい行為ですが、それぞれの個人にとってはなるべく維持コストを負担したくない厄介な行為です。このとき、いわゆる機能主義的説明は、**個人のミクロな利益追求（＝見て見ぬふり）という側面を無視**し、「規範はロボット社会全体の存続にとって役立つから（機能的だから）存在する」と主張します。つまり、各個人にとっての適応というミクロな側面は分析から外し、**あたかもロボット社会が1つの実体（一枚岩の超個人）であるかのような観点**から、規範の存在を“説明”します。そこでは、社会規範というマクロな特性について、社会や集団というマクロな説明単位をそのまま用いて説明することになります。これは安易すぎる説明です。

30秒でわかる! ポイント

ミクロ―マクロ・システム①

機能主義では説明できない社会規範

**自分はまじめにやっていたのに掟破りが得をしている。
やっていられないから、自分もエゴイストになるか……
＝規範を守るかどうかは個人の意思決定であって、規範を「社会」が維持できるわけではない**

マクロ ⇄ マクロ

「キノコを食べすぎてはいけない」ルールは、ロボット社会の存続に役立つのだ!!

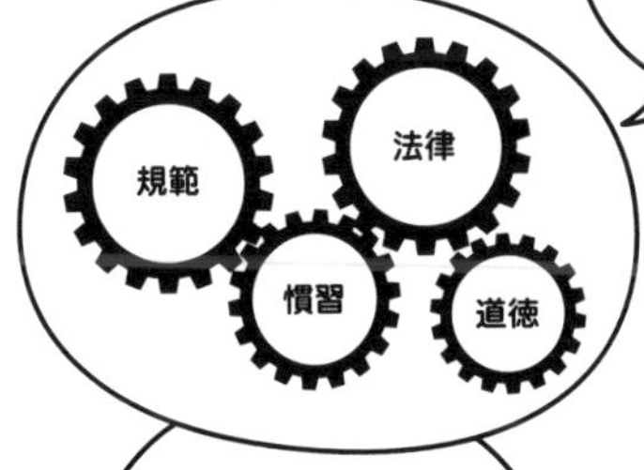

「社会」の実体視

たしかにそうかもしれないが……
個人のミクロな単位を無視して、集団のマクロな観点からの説明を通そうとするのは無理がある。

オレはそうは思わないんだけどなー

滅ぶの怖いからみんな絶対従え！

栽培して増やせばみんなたらふく食べられるのに

▶07 ミクロ―マクロ・システム②

ミクロ―マクロ関係で人間の社会性を考える

ここでのチャレンジは、コストからすると個人的には必ずしも維持に動機づけられないはずの規範が、社会全体として見るとたしかに存在していることを、**単に記述するだけでなく論理的にどう説明するか**、という点にあります。社会的ジレンマの場面で協力の規範が維持されているというマクロ現象は、非常に不思議な現象です。

社会には、個人、集団、社会という、レベルの異なる複層的なシステムが存在します。本書の２番目のキーワードであるミクロ―マクロ関係という概念は、こうした**複数のレベルに同時に注目する**ことのおもしろさに由来します。機能主義的説明のように集団・社会現象をマクロなレベルでそのまま説明するのではなく（**マクロ単位⇔マクロ現象**）、ミクロなレベル（個人のレベル）を単位として論理的な説明を考えていくという発想です（**ミクロ単位⇔マクロ現象**）。こうした発想を、社会規範だけでなく、さまざまな集団・社会現象について試みようというのが、ミクロ―マクロ関係的な視点に立つということの意図なのです。

以上、本書の視点を、適応、ミクロ―マクロ関係という２つのキーワードを中心に説明しました。人間にとっての最大の適応環境が集団生活にあるとすれば、集団生活を特徴づけるミクロ―マクロ関係こそ人間の社会性を捉える導きの糸になりそうです。このように、適応とミクロ―マクロ関係という２つのキーワードは、「社会的動物」である人間を考える上で、**必然的なつながり**をもっています。

30秒でわかる！ ポイント

ミクロ―マクロ・システム②

**社会には、個人、集団、社会という、
レベルの異なる複層的なシステムが存在している**

個人と個人の関係
集団の中での関係
集団と集団の関係など

こうした複数のレベルを同時に見ることで、個人（ミクロ）のレベルを単位として論理的に社会（マクロ）の現象を考える。

ミクロ⇄マクロ関係 的な視点に立つことで、

個人（ミクロ）の単位から、
社会や集団（マクロ）に起こるさまざまな現象を考えることができるようになる。

column

ティンバーゲンの 4つのなぜ

個人の違いを無視して、集団や社会を「一枚岩の実体」のように捉える機能主義的な説明は、社会現象を考えるときの落とし穴の1つです。気をつけないと、議論でも混乱が生じかねません。

もう1つ、適応に関する議論を整理するのに大切なポイントとして、**「なぜ？」をめぐる区別**があります。動物行動学者のティンバーゲンは、「なぜ生物がある特徴をもっているのか、動物がある行動をするのか」という疑問について、**4つの問い（「なぜ？」）**が区別できることを指摘しました（Tinbergen, 1963）。

動物ではありませんが、サボテンの例をあげて説明します。ある種のサボテンは、夜間に気孔を開いて二酸化炭素を取り入れ、光合成を行うしくみ（CAM型光合成）をもっています。では、「なぜ」このサボテンはCAM型光合成をするのでしょうか？

1つ目の「なぜ」は、どのようにCAM型光合成が行われるのか、その**メカニズム**に関わる問いです。夜間に取り込んだ二酸化炭素を水に溶かして安定化した後、細胞内のどのような回路を経て処理が行われるのか、一連の化学的なメカニズムの解明が問われます。

2つ目の「なぜ」は、サボテンが発芽してからCAM型光合成ができるようになるまでの成長（個体発生）のプロセスに関する問いです。個体内の**発達のプロセス**を、時間を追って調べます。

これら2つの「なぜ」はどちらも、個体の中でのメカニズム・プロセスを扱っているという意味で、**直接的・至近的（proximate）なレベルでの説明**を求めています。

一方、同じサボテン科の中でもCAM型光合成をしない種類も存在します。なぜある種類だけがCAM型光合成をするのでしょうか？　この問いでは、「なぜその種が存在するのか」という**究極的（ultimate）なレベルでの説明**が求められています。以下の３つ目、４つ目の「なぜ」はこのレベルの問いに答えようとします。

３つ目の「なぜ」は、第１部でも紹介した**機能（適応）**に関する説明、つまり、「CAM型光合成はサボテンの生存と生殖にどうプラスになっているのか」を検討します（ちなみに、CAM型光合成を行うサボテンは砂漠などに分布していることから、その機能が推測されます。昼夜の温度差が大きい砂漠では、昼に気孔を開けると大量に水分を失ってしまうため、夜間に二酸化炭素を取り込み化学的に保存して昼に還元するしくみが適応的です）。

４つ目の「なぜ」は、進化史における種の変化（**系統発生**）の観点からの問いです。CAM型光合成のサボテンは、祖先種からどの時点で枝分かれし、どのような道筋で現在に至ったかという説明です。

ティンバーゲンがこの区別を描き出すまで、生物学者たちの間でさえ問いの混同が不毛な議論を生むことがありました（長谷川, 2002)。社会行動や集団現象という複雑な対象を扱うとき、**異なる「なぜ」を混同する危険**は、はるかに発生しやすいでしょう。

文理の学問とビジネス・産業の現場が連携し人間・社会について豊かな知識を生み出すためには、互いに留意しなければならない重要な区別です。

第2部

社会的影響過程

第2部のねらい

集団生活とはどのような特徴をもつ適応環境で、人々はその中でどのように行動するのでしょうか。「適応的視点」を取っているとは言えないものの、初期の社会心理学者たちは、グループにおける社会的な影響のプロセスに強い関心をもっていました。そこでの研究の対象は、多くの場合、血縁関係では直接に結ばれていない「近代的な集団」でした。職場や作業グルー

4 他者がいるだけで影響が生じる

5 規範的影響と情報的影響

6 社会的影響が生み出す集団現象

7 多数派と少数派

プ、学校、クラブなどの集団です。

こうした初期の社会心理学の知見は、グループという環境における人々の相互依存のありようを鮮明に描き出しています。第２部では、社会心理学の古典的な研究を中心に、社会的影響の“文法”とでも言うべきものを探ってみたいと思います。

10 hour Social Psychology 4

他者がいるだけで影響が生じる

▶ 01　社会的促進・社会的抑制

他者の存在は問題遂行力にどう影響するのか

ステージで演奏すると力をいっそう発揮する音楽家Ａ氏と、試験場で監督者に側に立たれ一夜づけの暗記が思い出せない学生Ｂ君。同じ部屋で他者と並んで作業すると仕事がはかどる場合、邪魔になる場合など、他者の存在は私たちに時に正反対の効果を及ぼします。ここでの他者は物理的に存在しているだけで、会話などの直接的相互作用はなく、自他の関係は最小の"社会的"関係です。

このように極めて限定された社会的場面において、**他者の存在そのものが個人の遂行に影響する**ことは古くから指摘されてきました。19世紀末にトリプレット（Triplett, 1898）は、１人でよりも他の相手と並んで作業する場合に、単純な運動課題の成績が上がることを見いだしました。こうした最小の社会状況で課題遂行が良くなる現象を、オルポート（Allport, 1924）は**社会的促進**（social facilitation）と呼び、単なる競争心の表れだけでは説明できないと考えました。1930年代にかけて社会的促進は、「共行為状況」（相互作用なしに他者と近接して同じ作業をする状況）のほか、見ている人がいるだけの「聴衆状況」も加えてさかんに研究されました。しかし結果は一貫せず、他者の存在が個人の遂行を妨げる正反対の現象が存在することも明らかになりました。この現象は**社会的抑制**（social inhibition）と呼ばれ、学生Ｂ君の失敗に対応します。

他者の物理的存在が人に影響することは明らかになったものの、それが促進なのか抑制なのか特定できないという状態は長く続き、研究は次第に下火になりました。

30秒でわかる！ ポイント

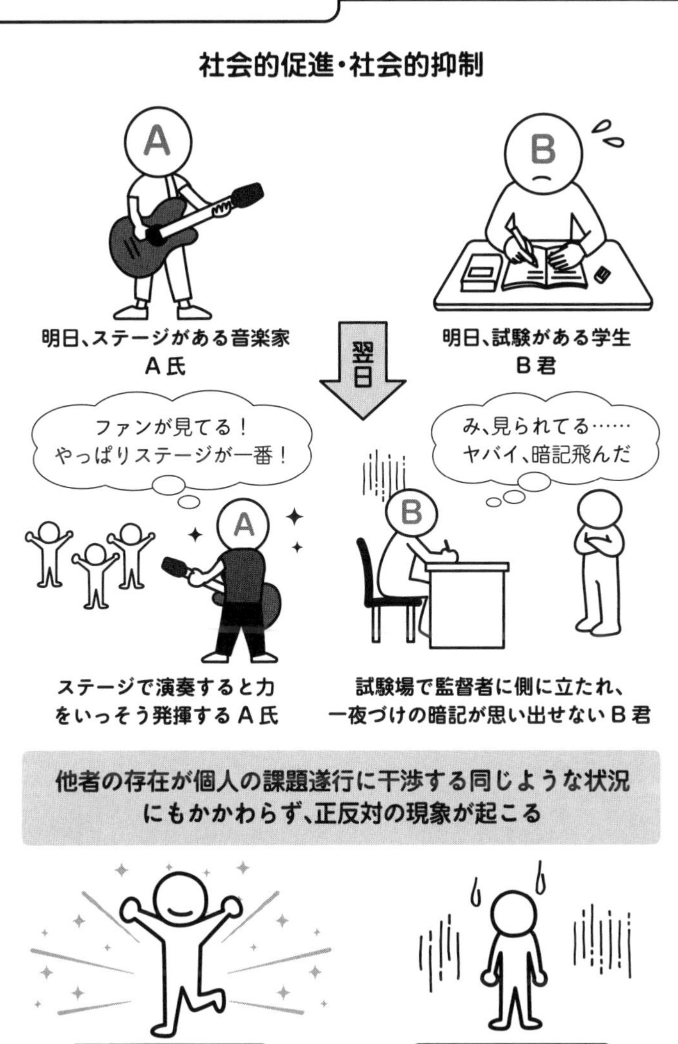

▶02 促進と抑制を分けるもの
—ザイアンスによる説明

集団生活は慣れた行動を促進させる

しかしザイアンス（Zajonc, 1965）は、ハル―スペンスの学習理論（Spence, 1956）に基づき、忘れられていたこの現象に統一的な説明を試みました。学習理論によると、行動には生じやすい「優勢な反応」から、生じにくい劣勢反応まで幅があり、行為者が生理的に喚起される（緊張・興奮する）と、優勢な反応がさらに生じやすくなります。

ここからザイアンスは次のように推論しました：①他者が側にいると個人は**生理的に喚起**され（緊張・興奮し）、②作業では**優勢な反応**がいっそう生じやすくなる。

優勢で生じやすい反応とは、定型業務やよく練習した課題では正解に通じる行動（正しい指使いなど）ですが、新規業務や複雑な課題ではエラーに通じる行動でしょう。つまり社会的促進・抑制を分ける鍵は**習熟度**にあり、先の例では音楽家Ａ氏が演奏に習熟した**エキスパート**なのに対して、学生Ｂ君は知識を十分に習得していない**初心者**という違いがありました。ザイアンスは、学習者の課題習熟度を実験的に操作することで、この予測を確認しています。

社会的促進・抑制は動物でも見られます。他個体と一緒だと、ニワトリやラットの餌を食べる行動が促進される一方、ゴキブリの複雑な迷路学習が抑制されるという例もザイアンスは報告しています。また他個体が側にいると生理的喚起が高まることも確認されています。集団生活は私たちを気づかぬうちに“ハイ”な状態にし、**よく習熟したルーチンの行動を促進・効率化**していると言えそうです。

30秒でわかる！ ポイント

促進と抑制を分けるもの ― ザイアンスによる説明

Q.　なぜ同じような状況で異なる現象が起こるのか？
A.　その行動の習熟度によって変わってくる

A氏は演奏に習熟した
音楽家のエキスパート

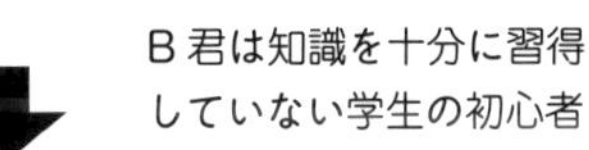

他者が側にいる緊張や興奮から、
優勢な反応がいっそう生じやすい

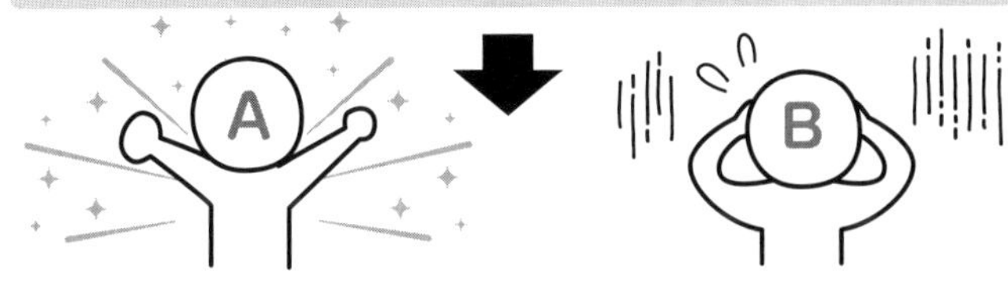

練習の成果を十分に発揮し、
高パフォーマンスにつながる

自分の中に十分な蓄積がない
ため、エラーが出やすくなる

▶ 03 社会的な摂食―ポテチ実験

誰かが側にいるとポテチをすばやく食べようとする

関連して筆者たちは次のような実験を行いました（Ogura, Masamoto & Kameda, 2020）。神経行動学を専攻した小倉博士の**「ヒヨコの採餌行動」に関する研究からヒントを得た実験**です。小倉有紀子博士の実験では、２個体のヒヨコが、アクリル板を挟んで相手の見える通路に置かれました。通路には餌場が設置されていますが、隔てられた２個体の間に実際の競合はありません。しかし、２個体の場面では単独のときと比べて、ヒヨコはそれぞれの餌場にすばやく接近し、餌をついばむ回数も著しく増えたのです。

筆者たちは、「ポテトチップスの味の評価」という名目で、人間の参加者に同じような状況を設定しました。初対面のペアが斜め向かいに座り「試食」を行う場面です（相手が見える条件と見えない条件がありました）。皿の下には電子秤が隠されており、参加者がポテチをいつ、何グラムつまんだかが、重さの変化から計測できるようになっていました（右図参照）。

興味深いことに、ペアの参加者は単独参加者と比べ、**小さいポテチを数多く（すばやく）食べる**ことが観察されたのです。しかもその傾向は、相手が見える条件で顕著でした。「それぞれの皿から試食する」場面では競合がないにもかかわらず、参加者たちはヒヨコと同じく、ポテチにすばやく接近し頻繁についばむ（ただし手で）行動を見せました。群れ生活を営む動物にとって、他個体の物理的な存在は、**処理しやすい餌をすばやく頻繁に摂る行動戦略**を自動的に促進するようです。人間では**肥満につながる食事パターン**です。

30秒でわかる！ ポイント

社会的な摂食 — ポテチ実験

ヒヨコの採餌行動

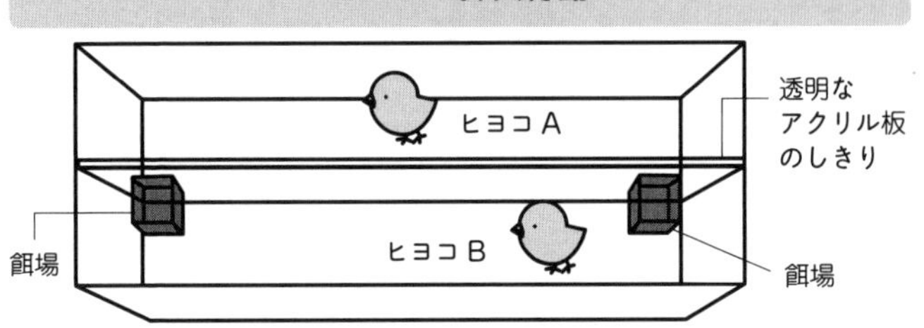

ヒヨコの餌場は完全に分けられており、互いの餌に干渉できない。しかし、相手が見えているというだけで、単独でいるときよりも明らかにすばやく餌場に接近し、餌をついばむ回数も著しく増えたのが観察された。

ポテチ実験

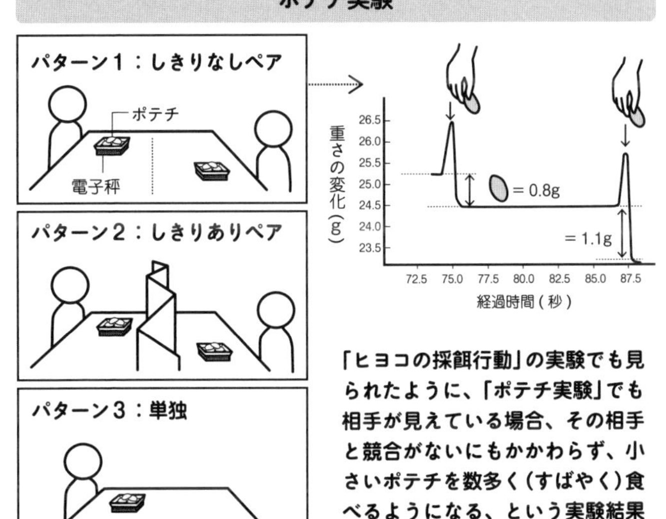

「ヒヨコの採餌行動」の実験でも見られたように、「ポテチ実験」でも相手が見えている場合、その相手と競合がないにもかかわらず、小さいポテチを数多く（すばやく）食べるようになる、という実験結果が観察された。

10 hour Social Psychology 5

規範的影響と情報的影響

▶ 01 同調圧力①

皆が明らかに誤りの回答をしたときどう答える？

では、もう少し「ふつうの集団場面」で作用する社会的影響について考えてみましょう。家族や地域共同体などの自然集団、委員会・学級・会社といった人工集団に共通して観察される、集合的な特徴とは何でしょうか。もっとも基本的なのは、集団のメンバーが**似通った行動パターン**を示すという社会的事実でしょう。何が似ているのかは、考え方だったり、スタイルだったり、グループの種類や状況に応じてさまざまですが、メンバーの類似性という特徴はもっとも目につくマクロな社会現象です。

このことを社会心理学では**集団における斉一性**（uniformity）と呼びますが、斉一性というマクロな特徴はグループの中でどのように維持されるのでしょうか。**集団の斉一性は、メンバー間での社会的影響のプロセスと表裏一体の関係をもつ**と考えられます。

この関係を**同調**という観点から例証した有名な古典として、アッシュの研究（Asch, 1951）を概観しましょう。「知覚の実験」に参加すると考えてください。実験室に入ると、８つの椅子が並べられており、あなたは８番目の椅子に着席します。実験では、スクリーン上に投影された線分の長さを参加者ごとに順番に比較判断するという課題を行います。「何と単純な実験！」と思うでしょうが、あなたは他の参加者たちの回答に耳を疑うことになります。１番目の椅子に座った参加者の回答はa、２番目の参加者の回答もa、他の参加者もすべてaと回答したのです。あなたは自分の番が回ってきたときにどう回答するでしょうか。

30秒でわかる！ ポイント

同調圧力①

ソロモン・
エリオット・アッシュ
(1907—1996)

ソロモン・アッシュはポーランド出身で、アメリカで活動した社会心理学者。実験心理学の開拓者の1人。彼の有名な実験の1つが、1951年に発表された同調圧力に関する研究（下記）である。

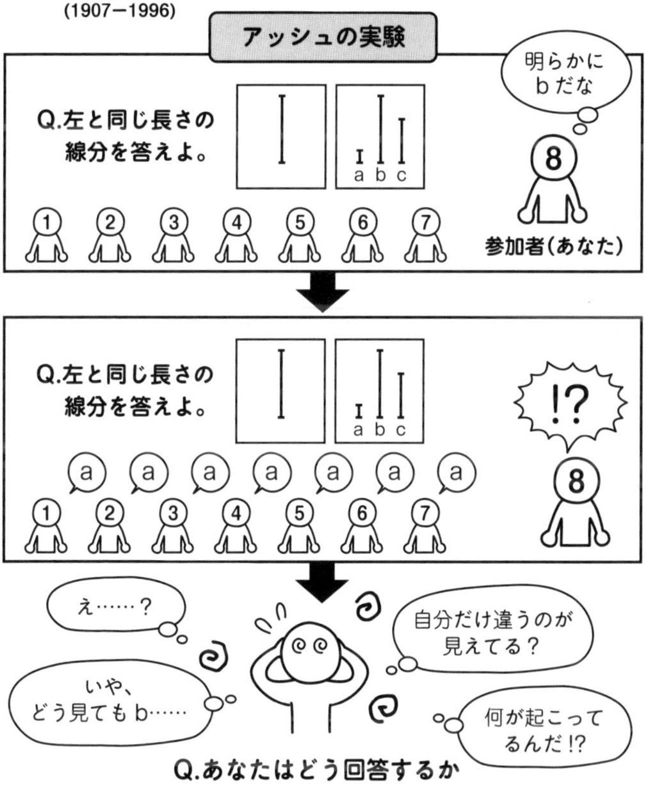

アッシュの実験

Q.左と同じ長さの線分を答えよ。

a b c

明らかにbだな

①②③④⑤⑥⑦ ⑧

参加者（あなた）

Q.左と同じ長さの線分を答えよ。

a b c

a a a a a a a

①②③④⑤⑥⑦ ⑧

!?

え……？

自分だけ違うのが見えてる？

いや、どう見てもb……

何が起こってるんだ!?

Q.あなたはどう回答するか

▶02 同調圧力②

集団の斉一性を崩す“変わり者”

実は“他の参加者”は実験の協力者（サクラ）で、誤った回答をするように依頼されていました。他者や集団からの圧力により人の行動や意見が変化することを**同調**（conformity）と呼びますが、実験の目的は**同調行動の規定因**を探ることにあったわけです。

アッシュはサクラの人数を変えるなど、さまざまな実験操作を行っていますが、もっとも重要なのは次の観察です。７人のサクラが**一致して**aと誤答するオリジナルの状況で、真の参加者は、全判断の32%でaと回答しました。「独立的」とされるアメリカ人参加者が間違いようのない自明な判断で32%もの同調率を示したことは印象的です。では、サクラが**「一枚岩」ではない場合**、真の参加者の同調率はどう変化したでしょうか。アッシュはサクラの１人にbと正答させました。すると、多数派（誤答するサクラ６人）への同調率は、一枚岩状況の32%から5.5%に急低下したのです。

さらに興味深いことに、このサクラが**正答のbではなくcと誤答する場合**にも、真の参加者による多数派への同調率はやはり5.5%前後と低いままでした。このパターンから、多数派への同調行動を低めるのは、自分と一致する正答者が存在することではなく、**グループの「一枚岩」が崩れること**自体であることがわかります。グループの中に他の“変わり者”が存在する限り、“別の変わり者”も存在できるわけです。集団の斉一性が、**同調圧力**（conformity pressure）を通していっそう強化されることは、コロナ禍でもさまざまな場面で顕在化しました。

30秒でわかる！ ポイント

同調圧力②

実験の内情

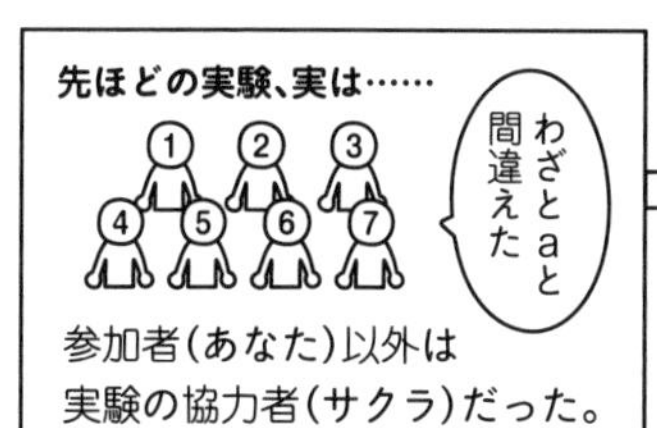

「独立的」とされているアメリカ人の参加者ですら、32%もの割合で同調した。

しかし、7人のサクラの答えが同一でない場合

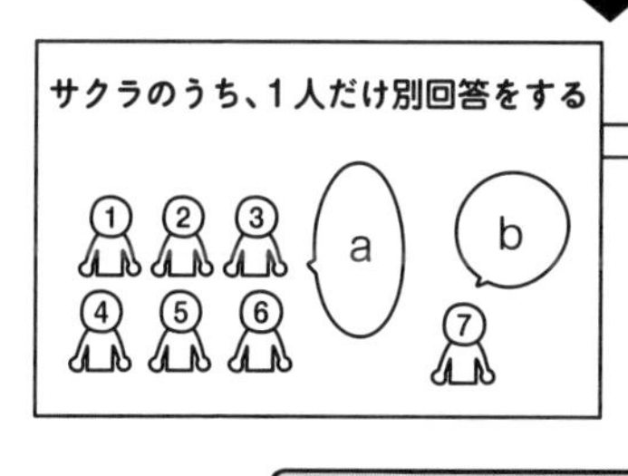

多数派の回答への同調率は5.5%まで急落した。加えて、1人のサクラの回答が自分とは異なるcの場合でも、同様に同調率は下落した。

これらの実験でわかったのは

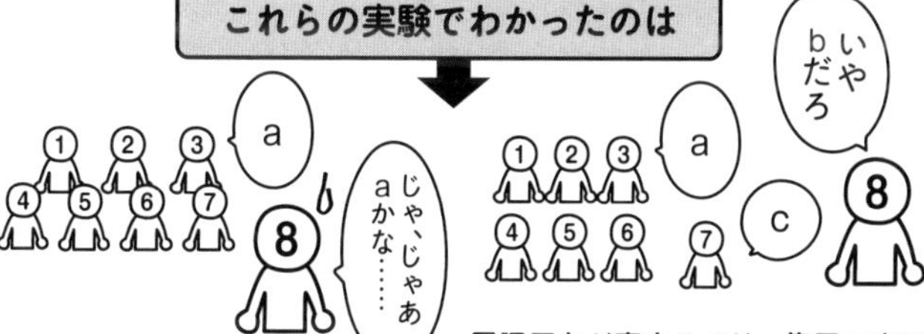

自分以外の意見が一致しており、グループが一枚岩の場合、同調圧力を感じやすく、多数派に流されやすい。

同調圧力が高まるのは、集団の中で"自分だけ"が他と別の意見をもっている場合に多く見られる。つまり、グループの中で意見が分かれている場合、同調圧力は起きづらい。

10 hour Social Psychology 5

規範的影響と情報的影響

▶ 03 規範に基づく影響

暗黙のルールを破る者に待ち受ける非難

アッシュの研究は、私たちの集団生活での日常経験を、実験という形ではっきりと例証するものでした。初期の社会心理学実験は、このように**日常経験の実験的例証**という形を取ることが少なくないのですが、そこで得られた知見の多くは単純なだけに印象的です。以下、ドイッチとジェラード（Deutsch & Gerard, 1955）の分類枠組みによりながら、社会的影響に関する古典的な研究を見ていきます。ドイッチとジェラードは、集団における影響に「**規範的影響**」と「**情報的影響**」という**２種類の源泉**があると考えています。

グループの規範（norm）に基づく社会的影響は、**規範的影響**（normative influence）と呼ばれます。第１部の「キノコ喰いロボット」の例でも論じたように、規範とは、集団内で適切とされる行動や態度の基準のことを指します。規範は規則や法律のように成文化されたものだけに限られず、メンバー間で共有された暗黙のルールをも含みます。たとえば職場で、就業規則上は９時始業なのに、「８時30分までには出社すべきだ」ということが互いの了解になっているなどの例です。この暗黙の了解に従わず９時出社をあくまで貫く人がいたとしたら、周囲の人々から非難や排斥を受ける可能性は高いだろうと考えられます。このことをグループにおける**規範の計量化の試み**とあわせて説明してみましょう。ジャクソン（Jackson, 1960）は、規範を測定する試みとして、**リターン・ポテンシャル・モデル**（return potential model）という方法を提唱しています。以下、このモデルについて説明します。

30秒でわかる！ ポイント

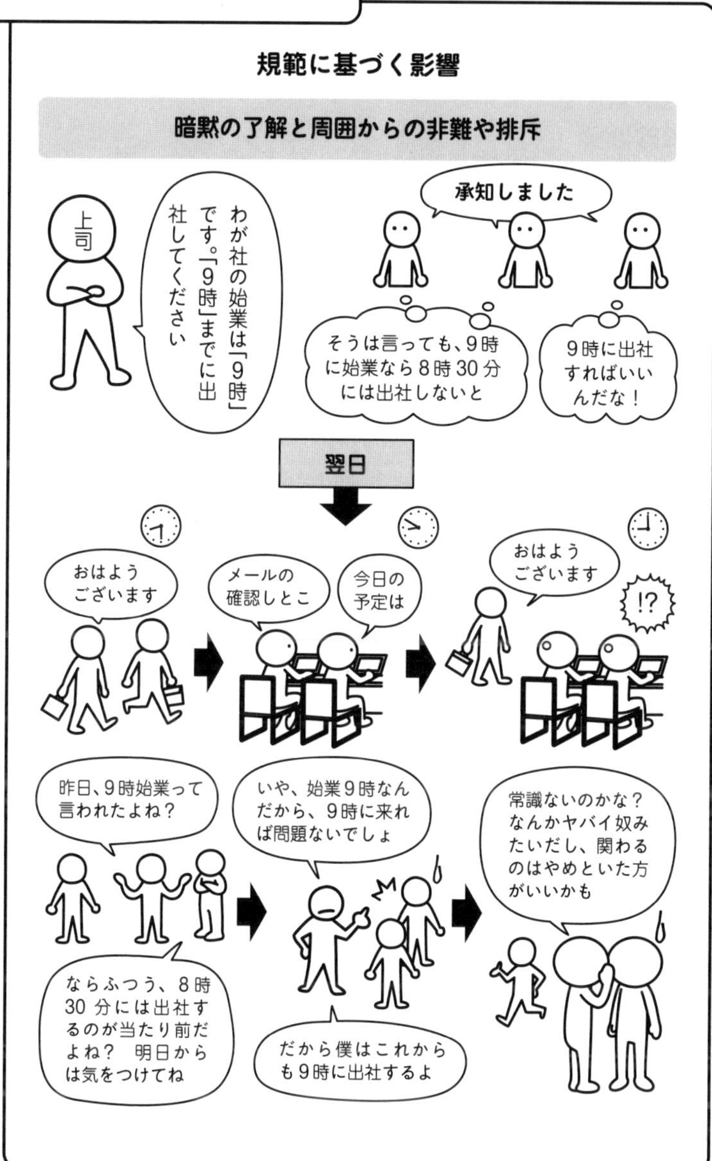

▶ 04 規範の可視化 —何時に出社すべきか？

賞罰が規範を守らせる

ある課における出社時間に関する規範を把握したいとします。このモデルでは、その課に属するメンバー全員に、「○時○分に出社すること」の望ましさを、－3（まったく望ましくない）～＋3（非常に望ましい）の7点尺度などで評定してもらいます。これらの評定の平均値をグラフにプロットした結果、右図のパターンが見られたとしましょう。横軸は時刻、縦軸はそれぞれの時刻で出社することに対する平均的評価です。

グラフでは2つの課の調査結果を示しました。どちらの課でも8時50分の出社がもっとも高い平均的評価（「**最大リターン**」）を受けています。しかし、A課では8時40分～9時0分の出社だけが許容される（＝プラスの評価）のに対して、B課の**許容範囲**は8時20分～9時20分と広がっています。つまり、出社時刻に関する規範は、B課よりもA課においてはっきりしています。

同様の事実は、右図で縦の点線により示した、各出社時刻に関する評価のばらつきからも見て取れます。**メンバーの評価のばらつき具合**はB課よりもA課で小さくなっています。このことはA課ではメンバー全員が出社時刻について似た評価をもっていること、つまり「**規範の結晶度**」が高いことを示しています。規範からの逸脱に対する非難や罰は、A課において重いと考えられます。

このように規範的影響とは、基本的に**賞罰（sanction）を背景とした社会的影響**です。賞罰の中身は、社会的承認や非難から、経済的報酬や暴力に至るまでさまざまな内容が考えられます。

30秒でわかる！ ポイント

規範の可視化 ― 何時に出社すべきか？

2つの課の違い

下記のグラフは、ある会社のA課とB課における「指定された時間の前後何分までに出社するのが望ましいか？」を比較グラフにしたもの。

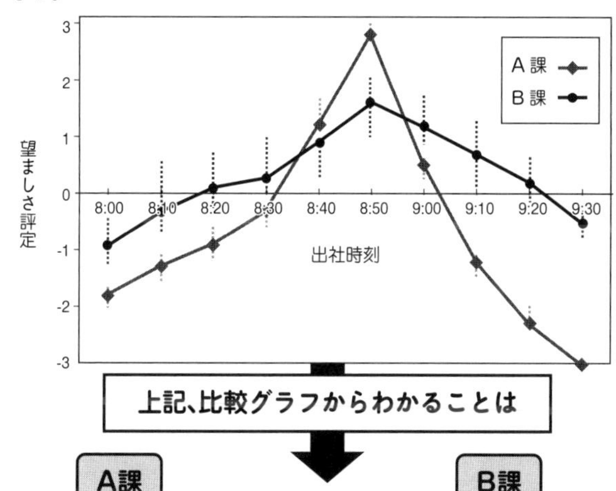

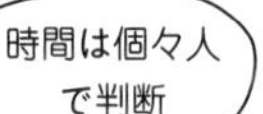

A課

A課では時間に関する評価が個人間で一致しており、そこから逸脱することに対する非難や罰も重いと考えられる。

B課

B課では8時50分の出社がもっとも高い評価を受けながらも、8時20分〜9時20分まで許容されており、これらのことから非難や罰も軽いと考えられる。

▶05 規範への敏感さ

人の目の写真がルールを守らせる

賞罰を用いて規範的影響を実行するには、コストがかかります。第１部で論じた、掟破りのキノコ喰いロボットに罰を与えようとして返り討ちされる可能性を思い出してください。**逸脱に対してコストのかかる罰を誰がどのように実行するのか**という問題は、規範の維持につながる問題として重要な論点です。このように考えると、実行コストのかかる規範が維持されているのは、１つには**社会規範に対する受け手の敏感さ**によるのかもしれません。社会規範に人々が敏感であれば、逸脱は起こりにくいし、規範を維持するためのコストもそれほど必要になりません（Simon, 1990）。

このことを例証する実験が報告されています（Bateson, Nettle & Roberts, 2006）。一定金額を回収ボックスに納めればコーヒーを自由に飲むことのできるシステムが職場にはよく見られます。このシステムは代金の自主的提供によって成り立っているので、ただ乗りをする者がグループに蔓延すれば崩壊します。一方、代金回収のために見張りを立てておくのは非現実的です。ベイトソンらは、このジレンマが、**人の目の写真**をコーヒールームに貼っておくという単純なやり方でほぼ解消できることを示しました。右図からわかるように、代金の回収程度は、花の写真を貼った週と比べ、目の写真の週で大幅に改善されたのです。この結果は、私たちの「他人に見られているかもしれない」「規範を破ると評判が下がったり、罰を受けたりするかもしれない」という敏感な心の動きが、**社会規範からの逸脱を未然に防いでいる可能性**を示しています。

30秒でわかる！ ポイント

規範への敏感さ

人の目が規範の維持につながる

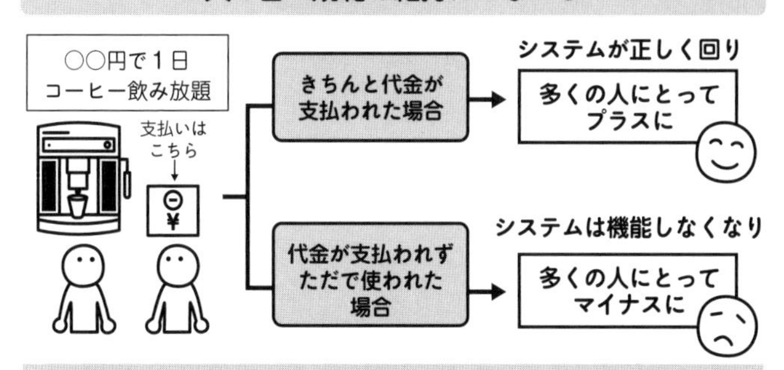

上記のシステムを成立させるためには、きちんと代金が回収される必要がある。見張りを立てれば確実だが、非現実的である。そこで人の目の写真を貼ってみる実験が行われた。すると……

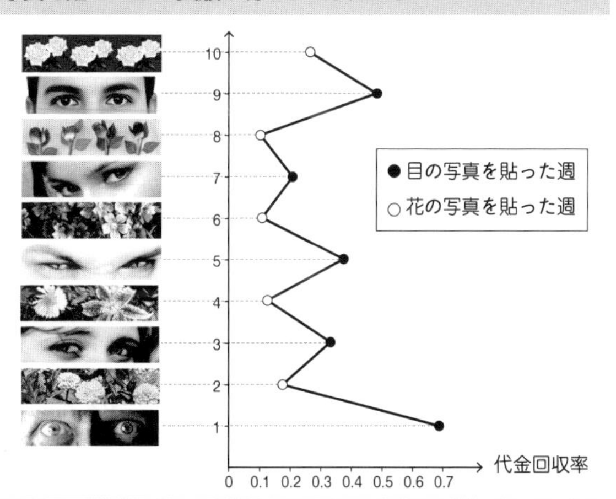

代金の回収は目の写真で大幅に改善された。これは「他人に見られているかもしれない」「何か罰を受けるかもしれない」といった心理が働き、社会規範からの逸脱を未然に防いでいる可能性を示している

出典：Bateson et al., 2006

▶ 06 集合的無知

空気を読むことで生まれる悪循環

社会規範に対する人々の敏感さを示す別の例としてアンデルセンの「**裸の王様**」の話があります。悪い仕立て屋にだまされた王様が裸で行進する話でした。大人たちは王様が裸だと個人的に思いながら周囲の沈黙を見て誰も声を出せません。このように自分１人だけ他と違う考えをもっているのではないか（「まわりの人には着物が見えているのかも」）と誰もがばらばらに思うことを**集合的無知**（pluralistic ignorance）と呼びます。**皆が「他のみんな」の心について同時に無知である状態**です。このとき、まわりの沈黙に応じて、自分の“身の安全”のために沈黙を守る（周囲→自分）ことは、今度は沈黙への圧力をまわりに対していっそう強化します（自分→周囲）。

このように社会で沈黙が広がる現象を、**沈黙のらせん**（spiral of silence）と呼びます（Noelle-Neumann, 1966）。ソーシャルメディアで声の大きい人や「多数派」に押され「少数派」が発言を控えることが、多数派を実際以上に大きく見せ、沈黙がさらに広がるケースはおなじみです。重要なのは、「空気を読む」ことから生まれる集合現象は、**日本文化（“ムラ社会・日本”）だけではなく、人間社会に広く見られる**点です。事実、これまでの実験例や「裸の王様」はいずれもアメリカや西欧でのエピソードでした。

このような悪循環のプロセスを打ち破ったのは、１人の無邪気な子どもでした──「王様は裸だ！」。無邪気とは、文字どおり、空気を読まない素朴さのことです。“賢い大人”は**空気を読む**からこそ、沈黙のらせんに自ら加担してしまうわけです。

30秒でわかる！ ポイント

集合的無知

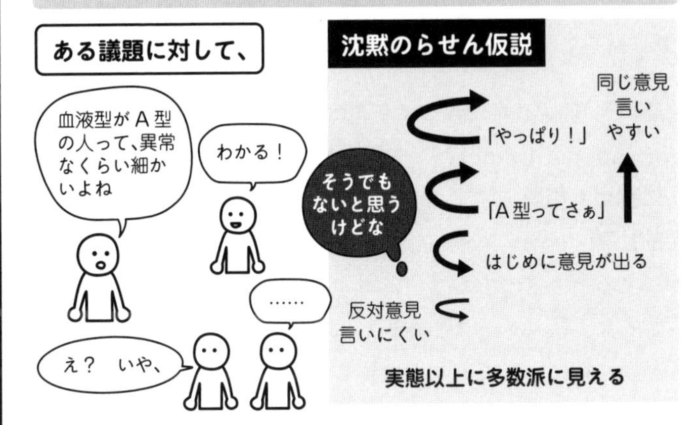

はじめに出された意見ばかり注目され、反対意見が黙殺されてしまう。これによって「自分だけが他と違う意見をもっているのでは？」と多くの人が思い込み（集合的無知）、さらに反対意見が出づらくなり、結果的に沈黙が広がる。これを「沈黙のらせん」と呼ぶ。

この現象が、現代ではSNSなどのインターネット上で多く見られる

▶ 07 情報的影響

他者の行動で自分の判断の正しさを確認する

規範的影響が賞罰に基づく影響であるのに対して、**情報的影響**(informational influence)とは、他者の行動がもっている**「情報価」に基づく影響**です。フェスティンガー(Festinger, 1954)は、**社会的比較**(social comparison)という考え方を呈示しました。それによると、世の中の事象に対する自分の判断が正しいかどうかを客観的な手段(データや計測)によって確認できない場合、人は他者との比較によってそれを確認しようとします。もし他の人も同じ判断をしているならば、人は自分の判断が間違っていないことに確信をもつようになります。このプロセスは、**合意による妥当化**(consensual validation)とも呼ばれています。

人々を世界にランダム(無作為)に配置されたセンサー(計測器)に喩えるならば、一致した判断に確信をもつプロセスは、統計的に妥当です。たとえば、火山活動を観測しているいくつものセンサーが一致して"異常な振動"を検知しているならば、センサーの報告は本当の異常(噴火につながる振動)を反映している可能性が高くなります。また初めての土地で駅がどこか道に迷ったとき、自分の進む方向が他の人々と一致しているならば、多くの場合、駅に無事に到達できるでしょう。もちろん人々が全員ビジターで、誰もスマホで位置確認をせず互いの方向に依存しあっている場合には、間違った結果がもたらされます。しかしそのような例は稀かもしれません。この意味で、合意による妥当化という心理には**適応的な機能**があります(Boyd & Richerson, 1985;Hastie & Kameda, 2005)。

30秒でわかる！ ポイント

情報的影響

ある事象について判断する術がない場合

おそらく食べられる果物だと思うんだけど……

データや計測などの客観的な手段を持ち合わせていない。

あっ！ あの人、食べてる。こっちの人も！

他人が自分と同じ判断をしているかどうかで判断する。

やっぱり自分の判断は間違ってなかった！

自分の判断が多数派なら間違っていないと確信する。

上記の一連のプロセスを指して「合意による妥当化」と呼んでいる

下記のような場面で効果を発揮

初めて来た土地で道に迷ってしまった。駅への道がわからない

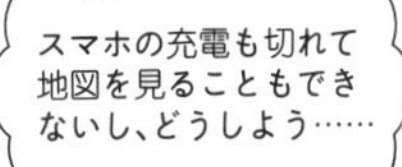

スマホの充電も切れて地図を見ることもできないし、どうしよう……

自分と同じ、観光客っぽい人がたくさん同じ方向に歩いてる。自分も同じ方に歩いてみよう

よかった！ 流れについて行ったら、無事、駅に着けた

▶08 シェリフの古典的実験

集団での経験で人の感覚が変わる

情報的影響を例証した実験として、シェリフによる古典的な検討（Sherif, 1936）を紹介します。暗室の中で小さな光点を凝視していると、実際は静止している光点でも動くように見えます［この錯視は自動運動現象（autokinetic effect）と呼ばれます］。

実験の参加者ははじめに１人で暗室に入り、光点の“移動距離”を報告しました。見えは最初ばらつきますが、報告を繰り返すうちに一定の幅に落ち着きます。各参加者の判断が収束した後、シェリフは判断幅が大きく異なる参加者３名を１組として新たに集団状況を作りました。ここでは、互いの報告が聞こえる形で、それぞれ新たに100回の判断が求められました。何が起こったでしょうか。３人の参加者の判断は最初大きく異なっていたものの、その集団特有の狭い範囲に次第に収束することが見いだされたのです。つまり、他者の判断が情報価をもち（実際には錯視ですが）、**共通の判断枠組み**（frames of reference）が集団ごとに作られたことになります。

こうした共通の判断枠組みは、集団を解消し、再び個別の判断を行う場面でも持続しました。先に述べたアッシュの知覚実験では、集団を解消した瞬間に、個人の判断は正しいものに戻りました。アッシュの実験での同調が**表面的な服従**に止まっていたのに対して、シェリフの実験での**判断の収束は深いレベルで起こった**こと、つまり個人にとっての光点の見えが集団経験により変わったことがわかります。最近の研究では、判断枠組みが収束するときの神経的メカニズムも明らかにされています（Kuroda et al., 2022）。

30秒でわかる！ ポイント

シェリフの古典的実験

暗室での光点の自動運動現象

参加者には1人で暗室に入ってもらい、静止している光点を凝視してもらう。

実際には静止したままの光点が動いているように錯覚する。

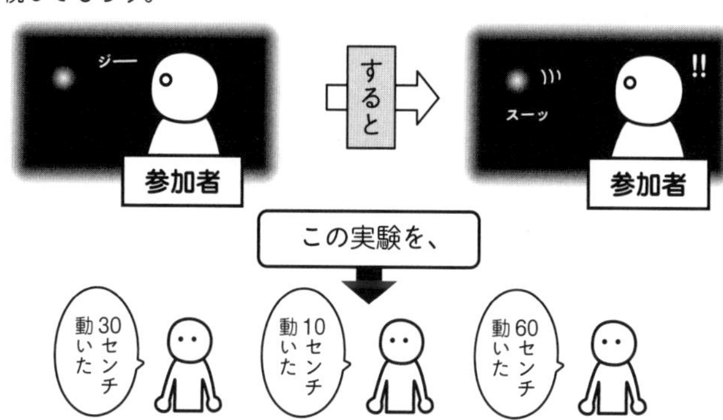

光点が動いたと錯視した距離が大きく異なる3人を集め、3人1組で互いの報告が聞こえる状況で、新たに100回行ってもらう

最初のうちは大きく異なっていた距離が

実際には動いていないにもかかわらず、

回数を重ねていくと……

狭い範囲に次第に収束していった。

つまり

他者の判断が情報価をもち、集団の中で基準となる枠組みとなった

10 hour Social Psychology 6

社会的影響が生み出す集団現象

▶01 循環的なプロセス

同調圧力は常に大きくなり続けるのか

このように人間は社会的影響を強く受ける存在です。現実の社会的影響には、規範的影響と情報的影響の両方が含まれているでしょう。そこで働くのは、「自分が社会的影響を受け容れることが、今度は他者への影響の発信源になる」という**循環的なプロセス**です。「裸の王様」で、周囲の沈黙に応じて自分が黙ることが周囲をいっそう黙らせる圧力になる「沈黙のらせん」が作動したことを思い出してください。コラム欄で見るように、「同調圧力」という言葉は、最近、SNSやメディアでもよく使われます。そこでは「自分は理不尽なまわりからの同調圧力を受けている被害者だ」といった語り口が行われがちですが、「とりあえず同調する」結果、まわりへの同調圧力がさらに増す（自分もその「共犯者」になってしまう）という視点は重要です。

それでは、**社会的影響への敏感な感受性**という個々の人間の心理は、集団全体にどのような帰結をもたらすのでしょうか。これは、第1部で論じたミクロ―マクロ関係に関わる問題です。同調を通して、ある時点で支配的な行動傾向は、社会的にますますその支配力を増していくのでしょうか。「裸の王様」ではこうした**ポジティブ・フィードバック**が作用していました。

しかし現実の社会現象を見ると、そうとばかりは言えないようです。当初は活発だった社会運動が、それに対する反対の動きがほとんどないにもかかわらず、次第に下火になっていくなど、逆の例も考えられます。**現象の拡大と縮小**を分けるものは何でしょうか。

30秒でわかる! ポイント

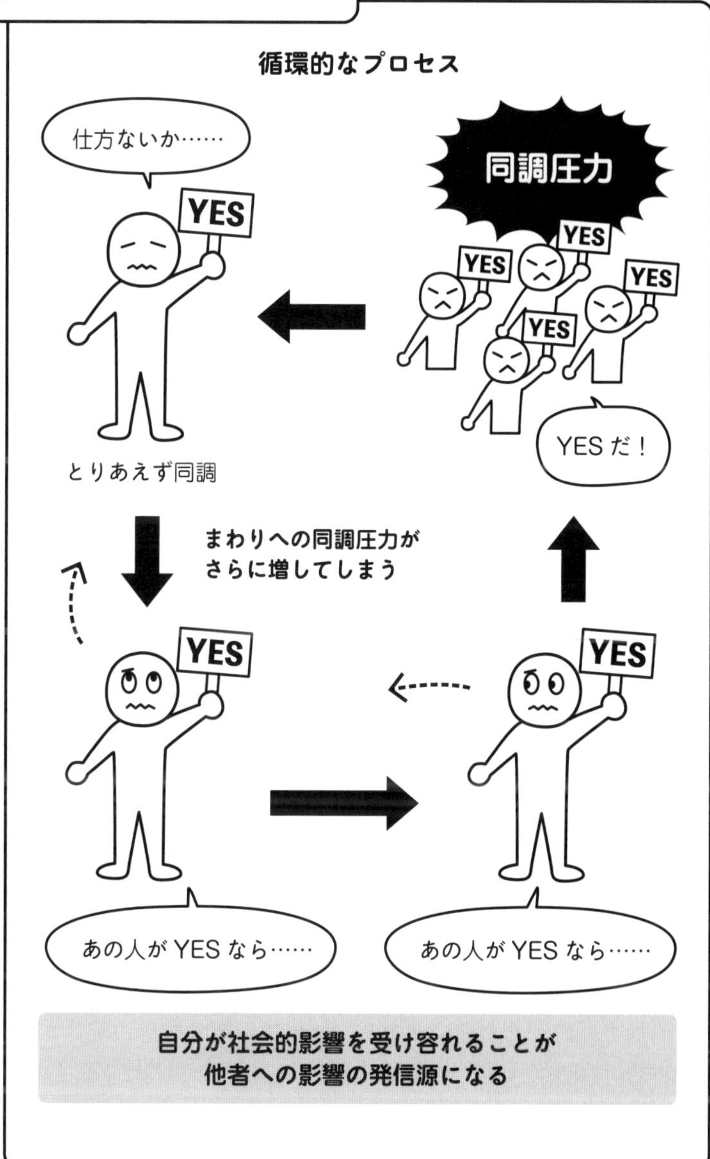

▶ 02 閾値モデル①

社会的感受性に個人差があったら？

この点を考える上で、社会学者グラノヴェター（Granovetter, 1978）の提案した**閾値モデル**（threshold model）は有用です。

既に見たように、人間は他者からの社会的影響に敏感な存在ですが、社会的感受性の程度に個人差があると考えてみましょう。ある人は「周囲の１割がある行動をしたら自分もその行動をする」という“高感度人間”ですが、反対に「周囲の９割がそうしない限り自分はその行動をしない」という“低感度人間”も世の中には存在します。ここで「周囲の〜割がある行動をしたら」という部分は、その人の**社会的感受性に関する閾値**と見なせます。閾値とは行動が生じるのに必要な最小限度の刺激という意味です。つまり、“高感度人間”は周囲の１割が最低動けば自分も動き出すことになります。

さて、こうした社会的感受性に関する閾値が、ある集団や社会の中で上の図のように分布しているとしましょう。横軸は閾値（周囲の〜割が動いたら）、縦軸はその閾値をもつ人たちの比率です。これらの比率を**累積**したものが下の図です。つまり、「〜割以下の閾値をもつ人たちが全体でどのくらいの比率を占めるか」を示しています。たとえば上の図から閾値がおよそ３割（周囲の３割が動いたら自分も動く）の人たちの比率は33%であることがわかりますが、「３割以下」の閾値をもつ人たちの比率は、下の図に示すように、累積する（閾値が０割、１割、２割、３割の人たちの比率をすべて足し合わせる）と、集団全体の50%に及びます。以下、これらの図を使って、社会現象の拡大と収束について考えてみましょう。

30秒でわかる！ ポイント

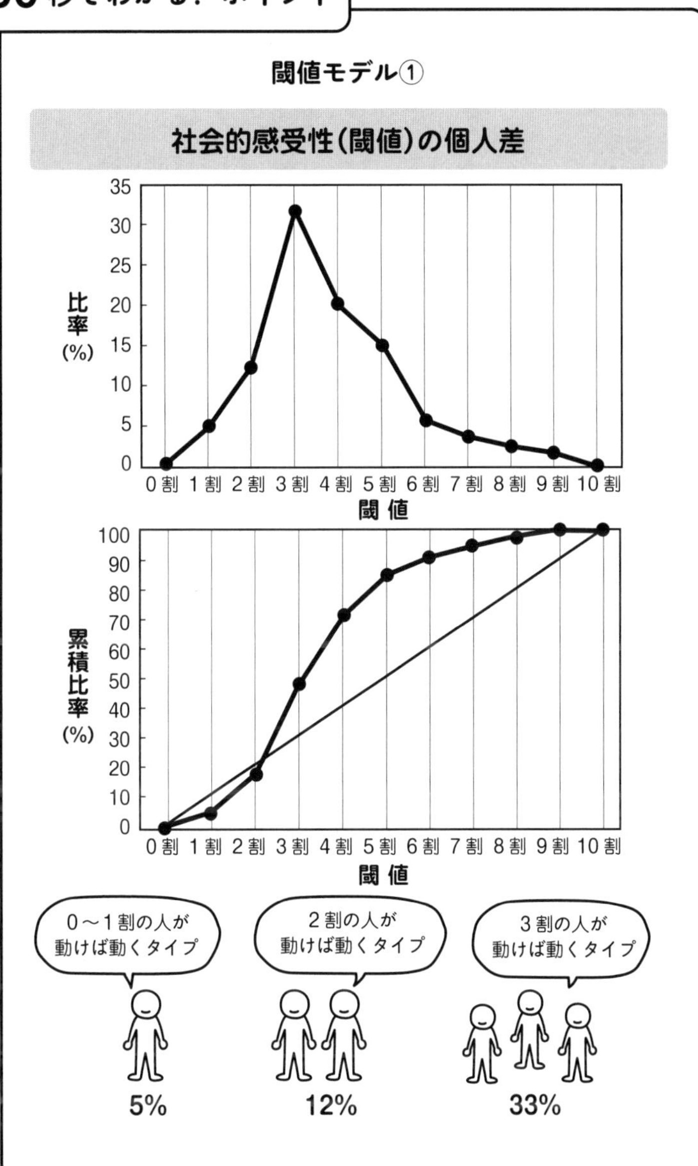

▶03 閾値モデル②

シマウマの群れはドミノ倒しのように走り出す

１つの喩えとして、**100頭のシマウマの群れ**をイメージしてみましょう。ライオンの気配を個別に感じて、**最初に40頭のシマウマが走り始めた**とします。ライオンの気配にそれぞれ個別に反応したわけですから、40頭の中には、仲間に対する社会的感受性の高いシマウマも低いシマウマも含まれています。たまたまライオンの気配を感じなかった残りの60頭についても同様です。

さて今度は、周囲の動きに応じて**社会的影響のプロセス**が働き始めると考えましょう。社会的感受性の低いシマウマ、たとえば全体の８割が走らないと自分は走らないというシマウマは、４割（40頭）が走り出したという事実を見て、（最初に走ったシマウマであれば）走るのをやめ、（走らなかったシマウマであれば）止まったままでいます。一方、社会的感受性の高いシマウマ、たとえば全体の２割が走れば自分も走るというシマウマは、そのまま走り続ける、あるいは新しく走り始めます。全体として何が起こるでしょうか。下の図を見てください。

図から、４割以下の閾値をもつシマウマの累積比率は全体の70％を占めます。このことは、４割のシマウマが最初に走り出したという事実に反応して、次の時点では、群れの70％が走ることを意味します。さらに次の時点では、７割以下の閾値をもつシマウマ（全体の95％）がこのことに反応するので、今度は全体の95％のシマウマが走ります。こうした**ドミノ倒し的なプロセス**が繰り返され、**最終的には群れ全体が走る**結果が生まれます（点線の矢印を参照）。

30秒でわかる！ ポイント

閾値モデル②

シマウマの群れはドミノ倒しのように走り出す

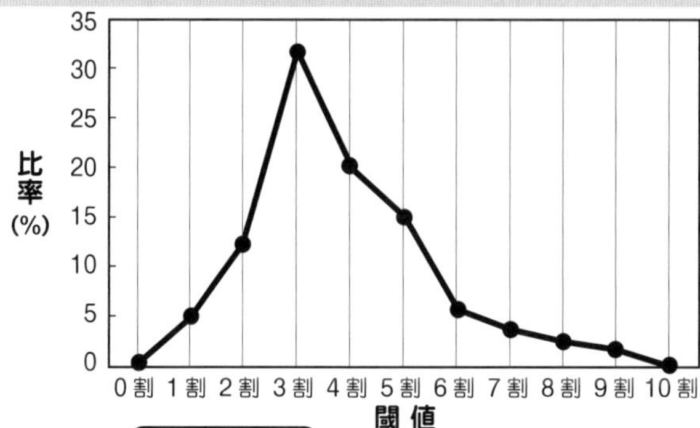

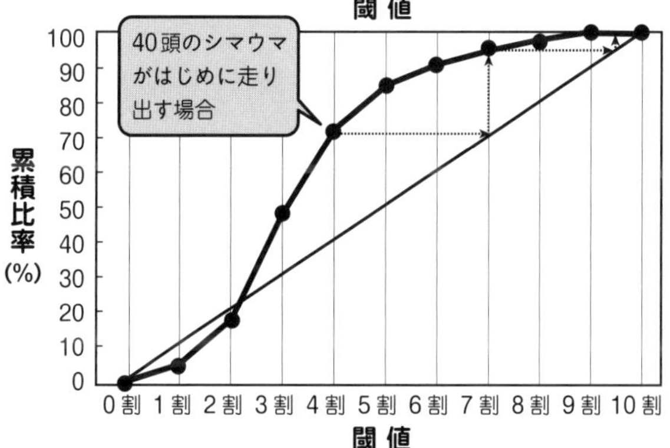

①100頭のシマウマのうち、40頭が走り出す

↓

②閾値4割以下のシマウマは70%
次は70%のシマウマが走る

↓

③閾値7割以下のシマウマは全体の95%

↓

④最終的に群れ全体が走る

▶ 04 閾値モデル③

社会現象の拡大・縮小は初期値で決まる

それでは、**最初にライオンの気配に応じて走り出したシマウマが20頭（2割）**だったとしましょう。下の図からわかるように、2割以下の閾値をもつシマウマの累積比率は、集団全体の18%です。社会的影響が働くと、次に走るシマウマの比率は18%に落ち、以下、先ほどとはまったく反対の、負のドミノ的プロセスが繰り返されることで、**最終的には群れ全体が停止**する結果になります。左下の点線の矢印は、このプロセスを示しています。

ポイントは2つあります。1つは、他者の行為に影響された自分の行為が、今度は他者の行為に影響を及ぼすという**循環的なプロセス**の存在です。沈黙のらせんで働いたのと同じプロセスです。

もう1つは、ある社会現象が拡大するか縮小するかは**初期値**に依存するという点です。上の例では最初に動いたシマウマの数（初期値）が40頭の場合には、走る現象が群れ全体に拡大し、一方20頭の場合には、次第に縮小するという結果でした。下の図からわかるように、この例では初期値が22頭（累積グラフとY＝Xとの交点）を超えるかどうかが、現象が拡大するか、収束するかの分かれ目になります。このような分かれ目は、化学反応との類似性から、**限界質量**（critical mass）と呼ばれます。

個人差に関する閾値モデルの仮定がどの程度妥当かについては検討の余地が残るでしょう。しかし、その制約はあるものの、社会における**ダイナミックなミクロ―マクロ関係を例示するモデル**として、閾値モデルには特筆すべき鮮やかさがあります。

30秒でわかる! ポイント

閾値モデル③

社会現象の拡大・縮小は初期値で決まる

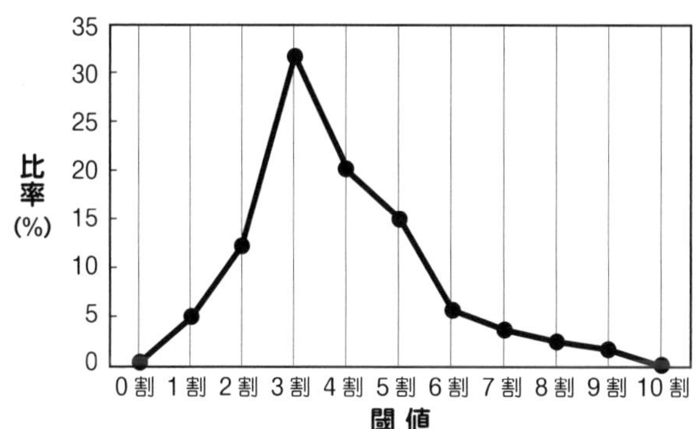

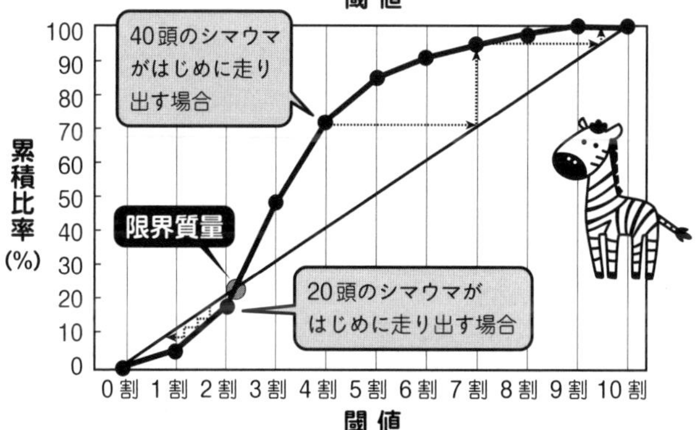

①100頭のシマウマのうち、20頭が走り出した場合……

↓

②閾値2割以下のシマウマは18頭 ➡ どんどん減少してやがてゼロに

現象が拡大するか収束するかの分かれ目=「限界質量」と呼ぶ

10 hour Social Psychology 7

多数派と少数派

▶ 01 少数派による影響

少数派の力が社会変革をもたらす

社会的影響の発信源は多くの場合に**多数派**です。人々の共有する規範が規範的影響の基盤となり、他の人との一致が情報的影響の基盤となるという事実、「数は力なり」の原理は、集団生活で幅広く作用します。

これに対し、アッシュの研究に代表されるアメリカ社会心理学では、**同調**や**標準化**（normalization）が強調されすぎているという批判が西欧系の社会心理学者から提起されました。中心となったのが、フランスの社会心理学者モスコヴィッチでした（Moscovici, 1976）。モスコヴィッチらは、多数派への同調のメカニズムは現状の維持やコントロールに役立つ一方で集団の変革を阻害する、そして**少数派**の力によってのみ集団や社会は**革新**をとげると主張します。革新は常に少数派によってもたらされた、マルクスを見よ、フロイトを見よという主張です。

モスコヴィッチらは、少数派が多数派に抗して影響を与えるためには、行動スタイルが鍵を握ると考えています。とくに**行動の一貫性**（consistency）こそが少数派の影響力を高める最大の要因であるという考え方を例証するため、彼らは「ブルー／グリーン・パラダイム」と呼ばれる実験を行いました（Moscovici, Lage & Naffrechoux, 1969）。右ページに実験の様子を載せました。モスコヴィッチらは、こうした実験から、少数派の一貫した主張は次第に多数派に浸透し、社会的な葛藤を同調や標準化ではなく革新という方向で解消すると論じています。

30秒でわかる！ ポイント

少数派による影響

モスコヴィッチらによる色知覚実験

①2人のサクラは一貫して青のスライドをすべて緑と回答

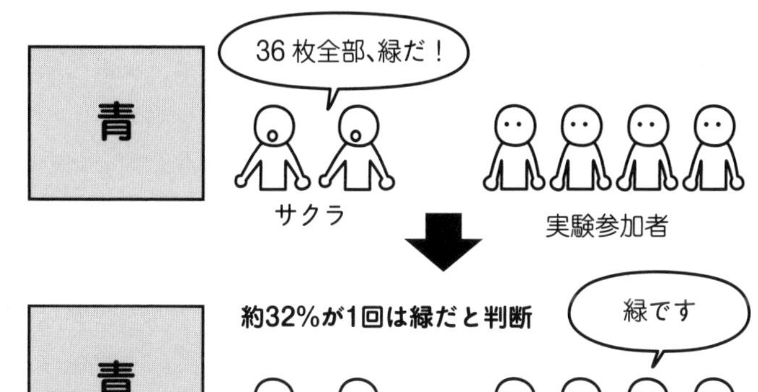

②2人のサクラは3分の2の24枚のみ緑と回答（一貫しない行動）

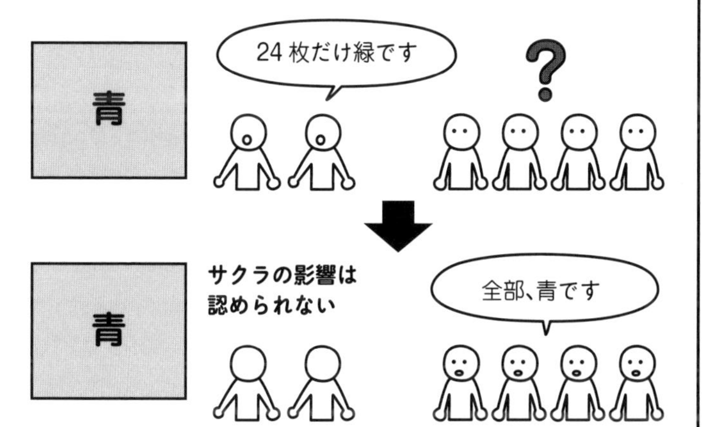

▶ 02 質的な差異

拡散的思考は新しい気づきをもたらす

モスコヴィッチらの主張のもう１つのポイントは、少数派による影響は、多数派による影響とは**質的に異なる**という論点です。その議論によると、多数派を起源とする影響が、内的な態度変化を伴わない**表面的な同調**だけを引き起こしがちであるのに対して（前述のアッシュの実験では、集団を解消した瞬間に個人の判断は正しいものに戻りました）、少数派起源の影響は、たとえ相手が同調しなくても、**内的な態度変化**をもたらしやすいと言います。さらにこの点を展開して、ネメス（Nemeth, 1986）は多数派から説得を受ける場合、人は説得内容に関連することしか考えない“**収束的思考**”に陥りやすい一方、少数派から説得を受ける場合には、説得の中身に限定されない“**拡散的思考**”を行うと論じています。こうした“拡散的思考”は新しい気づきをもたらし、より創造的な問題解決が可能になるとネメスは議論しています。

モスコヴィッチらの議論は、従来見落とされがちだった少数派からの影響プロセスに私たちの目を向けさせる点で、重要な意味をもっています。しかし、その主張内容に見合うだけの精度の高いデータは、残念ながら提供できなかったようにも思われます。少数派もまた社会的影響を行使できることは事実だとしても、その影響がモスコヴィッチの論じるように本当に特殊なものか、「少数派が革新や社会変動をもたらす」という基本図式が妥当かなど、さらに緻密な検討が必要だと考えられます［興味のある読者は、Martin & Hewstone（2010）などを参照してください］。

30秒でわかる！ ポイント

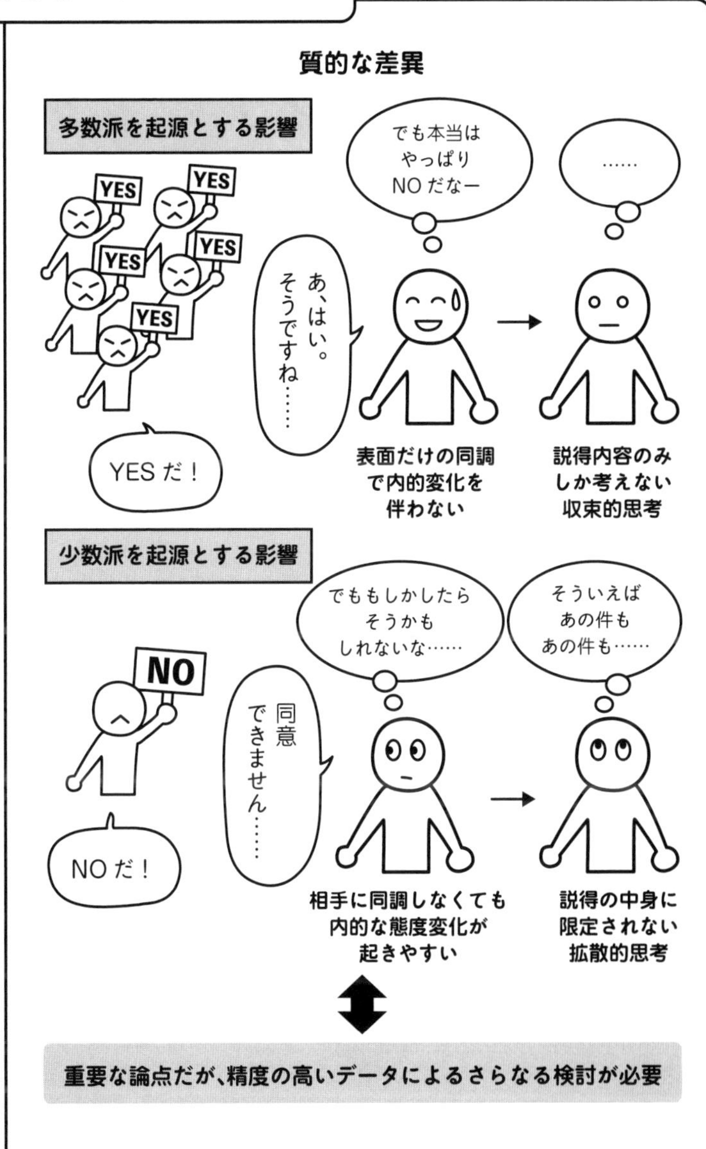

▶ 03　社会的インパクト理論

影響発信源の数がインパクトの大きさを決める

この点と関連して、ラタネら（Latané & Wolf, 1981）は**社会的インパクト理論**（social impact theory）を提出しています。このモデルでは、社会的影響（インパクト）の大きさは、影響発信源の、①強さ（地位・能力）、②受け手との近さ（空間・時間的な近さ）、③数、の**3つの要素が掛け算の形で結合されて決まる**とされます。影響発信源が強く数が多くても、受け手との間に膨大な距離があれば（第2の近さの成分がほぼゼロ）、掛け算すると、社会的インパクトはゼロになります。

この考え方では、モスコヴィッチの主張と異なり、多数派・少数派の影響の違いは③の数に帰着する**量的な差異**にすぎません。ラタネらは、他の2つの要素（強さと近さ）を固定したとき、社会的インパクトの大きさ（I）は、影響発信源の数（N）の「べき関数」になる（$I = kN^i$。k, i は定数で $i < 1$）と考えています。「べき関数」とは、影響発信源の人数を横軸に、そのインパクトを縦軸に取りデータをプロットすると、　　の形になる関数です。影響発信源の人数を１人ずつ増やしていっても、１人分のインパクト増加量は次第に減少します。

ラタネらは、案A、Bへの署名を求める実験を行いました。A案には６人の賛同者がいますが、B案はゼロです。実はA案の署名は実験者が記入したもので、賛同者数によって新たな支持がどう影響されるかが検討ポイントでした。その結果、A案に署名する確率は、賛同者数の「べき関数」で近似できることがわかりました。

30秒でわかる！ ポイント

社会的インパクト理論

社会的インパクト理論とは…

①強さ（地位・能力）

②受け手との近さ（空間・時間的な近さ）

×

③数

①強さ、③数があっても

遠くの王様たち

②受け手との近さの成分がほぼゼロだと社会的インパクトはゼロ

①強さと②受け手との近さを固定したとき、社会的インパクトの大きさ（I）は③影響発信源の数（N）の「べき関数」になる

（$I=kN^i$。k, i は定数で $i<1$）

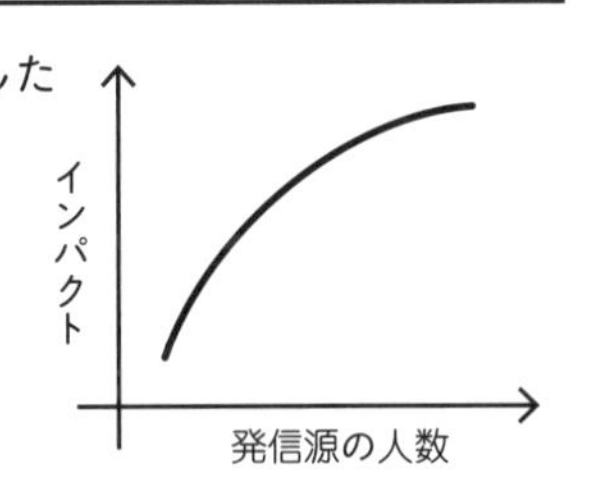

▶04 コンピュータ・シミュレーション

人は社会的影響をどう受けるのか

コンピュータを用いたシミュレーション研究は社会心理学でも標準的な方法の1つになっています（Smith & Conrey, 2007)。ここでのシミュレーションとは、あるシステムの作動をコンピュータ・プログラムにより表現し、条件を変えながらその振る舞いを組織的に検討することを言います。

ノヴァクら（Nowak, Szamrej & Latané, 1990）は、人々が社会的インパクト理論の示すように影響を与え合うとすると、どのような結果が集団のレベルで得られるかに関心をもちました。彼らは、右図に示すような**仮想の社会**をコンピュータ上に作りました。この社会は40×40の場所（1箇所に1人)、全体で1600人から構成される社会です。この社会には2種類の人間、○政策を支持する人と、●政策を支持する人がいるとしましょう。ここでは70%の人が○支持者、残りの30%の人が●支持者だとします。最初に、○派、●派がどこの場所にいるかはランダムに決められており、同じ好みをもつ人々が集まっているわけではありません。

次に、この初期状態に、**社会的影響**が生じると考えます。社会的影響は社会的インパクト理論の示す形で、つまり、1人の個人は○派と●派の両方から、人数と距離に応じた社会的影響を受けます(強さの成分は全員を同地位と仮定するので考慮しません)。たとえばある個人の好みが○のとき、○派からの総影響量が●派からの総影響量を上回るようであれば好みは○のままですが、下回るようなら、個人の立場は○から●に変化すると仮定します。

30秒でわかる! ポイント

コンピュータ・シミュレーション

コンピュータ・シミュレーション研究

‖

社会心理学で標準的な方法の1つ

シミュレーションとは……

あるシステムの作動をコンピュータ・プログラムにより表現
条件を変えながらその振る舞いを組織的に検討

ラタネらのシミュレーション

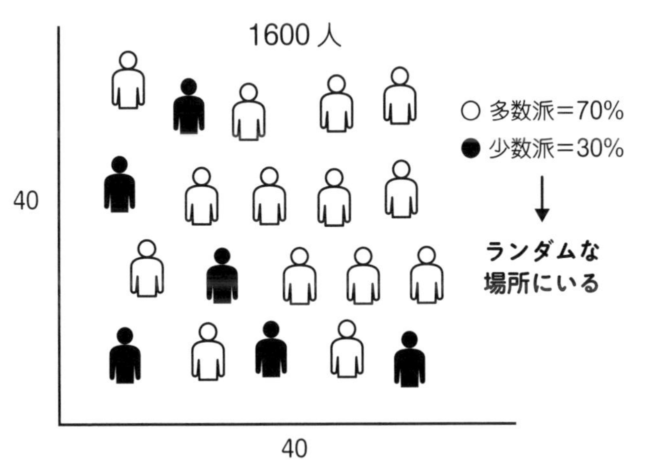

社会的影響が生じるとどうなるのか?

▶05 クラスター化・斉一性

相互影響により無秩序から秩序が生まれる

個人は周囲の影響を受ける一方で周囲に影響を与えます。**相互影響のプロセス**により何が起きるでしょうか。各場所が○になったり●になったり変化していくオセロを思い浮かべてください。シミュレーションで変化がそれ以上進まなくなった（収束した）ときの社会の状態には、**3つの特徴**がありました。

まず、多数派である○派の比率が、当初の70%から92%に**増大**しました。次に、**クラスター化**が起きました。最初、どこにどちらの支持者がいるかはランダムでしたが、収束した状態では、○派、●派がそれぞれ固まって（クラスターになって）います。ランダムな状態から**斉一性**（似た好みをもつ個人が固まりを作る）が、言い換えると、無秩序から秩序が生まれました。

最後に、少数派である●派は30%から８%に激減したものの、“死滅”してはいません。少数派は、40×40の場所の**周辺部**（“壁際”）において存続しやすいという結果でした。中心部では四方八方から社会的影響にさらされるのに対して、周辺部では影響の方向が限定されます。周辺部でたまたま少数派が**ローカルな（地域限定の）多数派**（Kameda & Sugimori, 1995）になっていると、存続可能性は高まるわけです。

ノヴァクらのシミュレーションは、クラスター化、斉一化などの重要なマクロ現象が、ミクロな相互影響過程から生じる可能性を示しています。社会的インパクト理論の価値は、**集団におけるダイナミズム**を捉える見方を提供する点にあります。

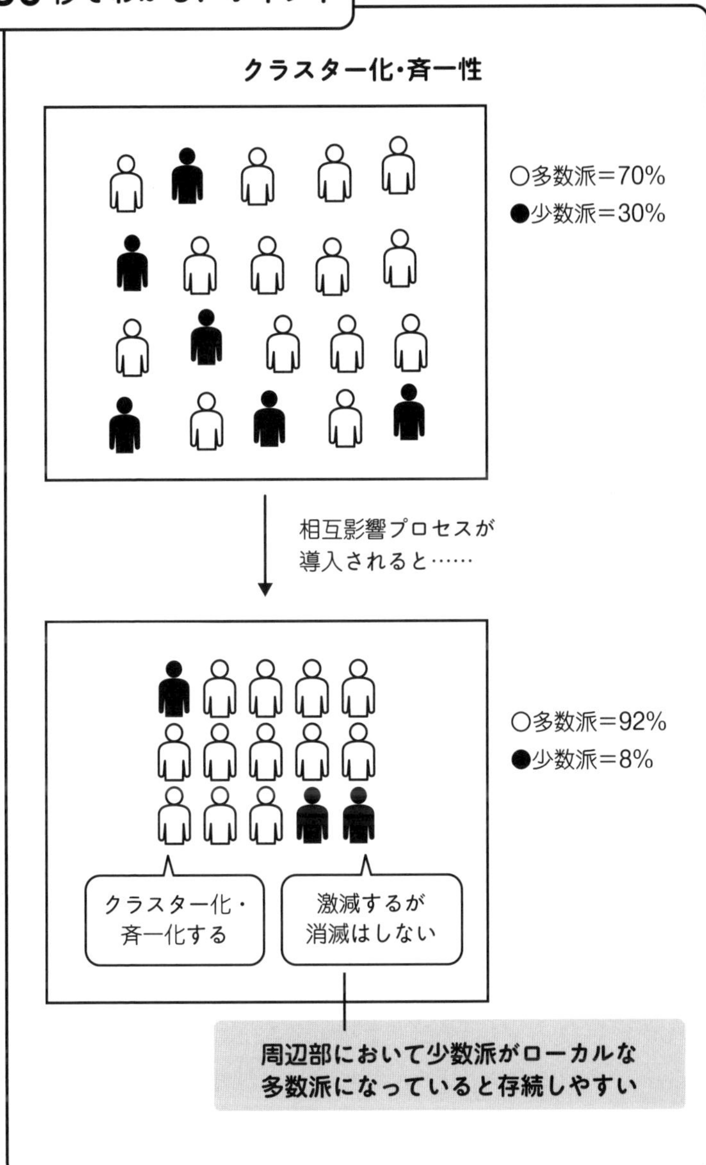
30秒でわかる！ ポイント
クラスター化・斉一性
○多数派＝70%
●少数派＝30%
相互影響プロセスが
導入されると……
○多数派＝92%
●少数派＝8%
クラスター化・
斉一化する
激減するが
消滅はしない
周辺部において少数派がローカルな
多数派になっていると存続しやすい

10 hour Social Psychology 7

多数派と少数派

▶06 インターネットにおける社会的分断

似たもの同士が強く結びつく世界

Twitterなどの**ソーシャルメディア**では、**意見の似かよった者同士のクラスター**が生じることが知られています。たとえば、2010年アメリカ中間選挙のときの1万8000人あまりのアメリカ人たちのコミュニケーション（情報のリツイート）を分析した研究では、リベラル派のユーザーと保守派のユーザーの間で、はっきりした「**社会的分断**」が見られました（Conover et al., 2012)。リベラル派のユーザーはリベラル派の投稿をリツイートしやすく、反対に保守派のユーザーは保守派の投稿をリツイートしやすいという結果です。

同類同士が結びつく傾向（homophily）はさまざまな場面で認められますが、とくにインターネットでは、価値観や考え方が似たもの同士が過度につながった「閉じた情報ネットワーク」を大規模な形で作り出します。似かよった意見が同質的なネットワークの中で共鳴し、さらなる増幅と斉一性をもたらす現象は、**エコーチェンバー**（echo chamber）とも呼ばれます。上の例ではリベラル派と保守派の間で、見ている「世界（世間）」が異なることを意味します。

ちなみに検索エンジンは、ユーザーが興味をもちそうな情報を優先表示するアルゴリズムを採用しています。検索サイトでキーワードを検索すると、それに関連する情報がそれ以後、優先的に表示されるしくみです。アルゴリズムはユーザーに興味があることをピックアップしてくれる反面、いつの間にか他の情報と隔離され、狭い情報空間に押し込められる状況（**フィルターバブル**）を生み出します。

30秒でわかる！ ポイント

インターネットにおける社会的分断

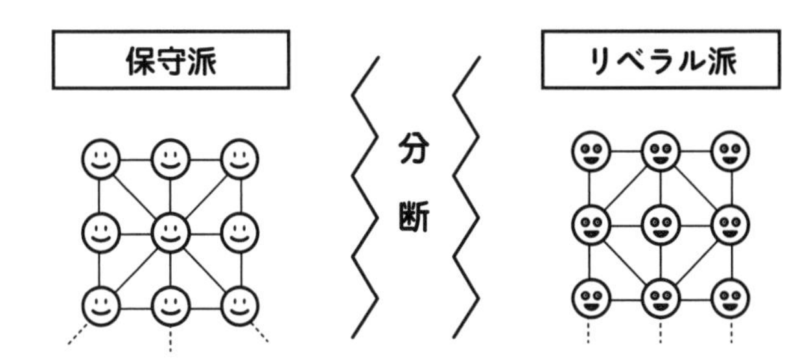

同質的なネットワークの中で共鳴しあい、
さらなる増幅と斉一性をもたらす現象
＝エコーチェンバー

インターネットのアルゴリズムは……

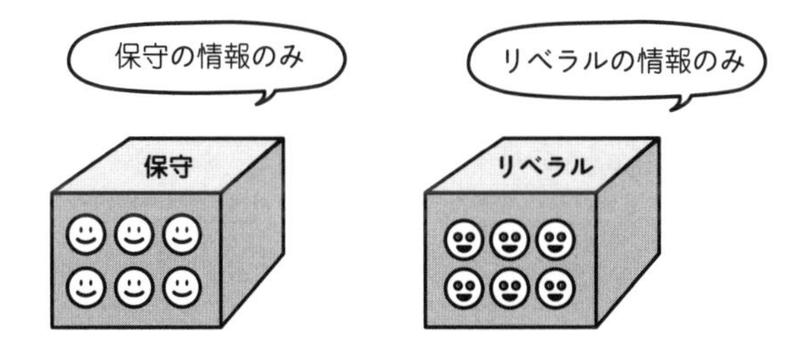

興味のあるもの以外の情報と隔離され、
狭い情報空間に押し込められる状況
＝フィルターバブルを生み出す

column

“謎ルール”

最近、「謎ルール」という言葉がよく聞かれます。学校や職場などのさまざまな場面で、そのルールにどんな意味があるのかよくわからないのに、**皆がなんとなく従っている“ルール”**です。2022年11月14日放送のNHK『あさイチ』でもこのテーマが取り上げられました（「一体なぜ？ あなたの周りの“謎ルール”」）。番組では「学校で三つ編みが大丈夫なのに、編み込みをしちゃ駄目っていうルールがちょっとよくわからないです」（中学生）、「会社を休むと、菓子折り必須。お詫びのメッセージも添えなければならない」（会社員）、「保育園ではキャラクター物の服を着てはいけない」（親）など、皆が心の底では「何か変だ」と思っていてもなかなか口に出せない「謎ルール」の例が視聴者から寄せられました。

第２部でも見たように、こうした謎ルールでは、他と違う考えをもっているのは自分だけ、あるいはごく一部だけかもしれないという恐れから、**沈黙への圧力**が集団の中でらせん的にどんどん大きくなりがちです。

番組でとりわけ印象的だったのは、病院における**「前残業」**と呼ばれる慣習でした。たとえば、病棟に勤めるある看護師さんから出された例では、始業時間の１時間以上前に出勤、職場に着くとすぐに担当患者を確認、夜間の体調変化、その日の手術やリハビリの予定、検査の項目などについてカルテで情報収集しリスト化、薬や点滴の準備といった作業もあらかた済ませておくという職場慣行がいつしかルールになっているそうです。さらに、全国の医療機関に行った調査では「前残業があった」と答えた看護職員は66％近くにのぼり、前残業を時間外勤務として扱っていない（つまりサービス残業としていた）医療機関も６割以上あったそうです。

こうした前残業をなくすために業務の見直しを行った埼玉県の病院の例が番組では紹介されました。見直しのきっかけとなったのは、前残業に以前から疑問をもっていた看護部長さんの取り組みでした。

まず現場の看護師さんと個別に話したところ、「前残業をやめるのは無理に決まっている」「前残業なしには患者さんの情報を十分に収集できないまま業務が始まる。それが不安」という声が大半でした。看護部長さんはこうした不安を１つずつ皆で議論しながら、一緒に対案を作り出していきました（たとえば、スマートベッドシステムの導入後には、体温や血圧などのバイタル情報は、手書きでなくても電子カルテに自動入力可能です）。看護部長さんがトップダウンで対案を出すのではなく、皆が「でも」とか「こうでしょう」と互いに言い合える雰囲気づくりが業務改革の鍵を握ったそうです。

近年、職場や組織で自分の考えを誰に対しても安心して発言できる**「心理的安全性」**の大切さが主張されます。埼玉県の病院のケースは、適切ではない「謎ルール」の支配から逃れるために、**オープンなリーダーシップ**と**皆の率直な発言**の組み合わせが良い相乗効果（シナジー）を生み出した見事な事例と言えます。

第3部

社会的交換と協力

第3部のねらい

集団生活の根本的な特徴は「自分と同じレベルの知性をもつ他者が常に身のまわりに存在している」という事実です。ヒトを含む霊長類は、多くの場合、他者と安定した社会関係を形づくっています。食物､地位､恋の相手など争いの火種は絶えないものの、霊長類は基本的に協力的な集団を形成します。第3部では、霊長類の中でもとくに高度の知性をもつヒトが協力的な社会関係をどのように形成し、集団の中でうまく適

8 もう一度「適応」の意味を考える

9 社会的交換

10 互恵性—情けは人のためならず

11 社会的ジレンマ—二者関係を超えて

12 ウチとソトの区別

13 共感性

応していくのかを「社会的交換」という視点から検討します。社会的交換の視点からすれば、「集団に属するメンバーは協力する」という当たり前に見える事実は、必ずしも当たり前とばかり言い切れません。なぜ協力行為が当たり前と言えないのか、第３部では、協力や利他性に潜む不思議を検討します。その作業の手始めに、「適応」の概念をもう一度整理しておきましょう。

10 hour Social Psychology 8

もう一度「適応」の意味を考える

▶01 対人関係で孤立することはなぜ「不適応」か？

人は1人でいると不安になる

社会的な行動が「適応的」であるとは何を意味するのか、本書のキーワードである適応の概念について再考します。例として**「対人関係で孤立しないことは適応的だ」という命題**を取り上げます。この命題は自明のように思えますが、孤立しないことはそもそもどのような意味で「適応的」なのでしょうか？

対人関係で孤立すると、精神的・身体的不調が起きることはよく知られています。実際、他者と友好な関係を築き維持しようとする心の働きは、**親和動機**（affiliation motive）と呼ばれ、主要な社会的動機の１つと考えられています。

親和動機という心理概念を導いた研究として、シャクターの実験が知られています（Schachter, 1959)。この研究では、「実験では不快な電気ショックを与えられる」と予告された参加者に、開始まで他の参加者たちと一緒に待つか１人でいるかを選ばせたところ、ほとんどの人が一緒に待つことを選びました。このように、他者と一緒にいることで人は不安を解消し心の安定を得る存在です。

ある行動が「**心の安定**」につながるという意味での適応を、**心理・情緒的な適応**と呼ぶことにします。心理・情緒的な適応が人間生活で大切なことは間違いありません。しかし次のような問いをあえて立ててみます——**「そもそもなぜ人は、対人関係で孤立すると精神的・身体的不調に陥るのか？」**こうした一見“当たり前の精神・身体現象”を科学的に説明するとき、心理・情緒的な概念（親和動機）が説明の原理として本当に役に立つか考えてみましょう。

30秒でわかる！ ポイント

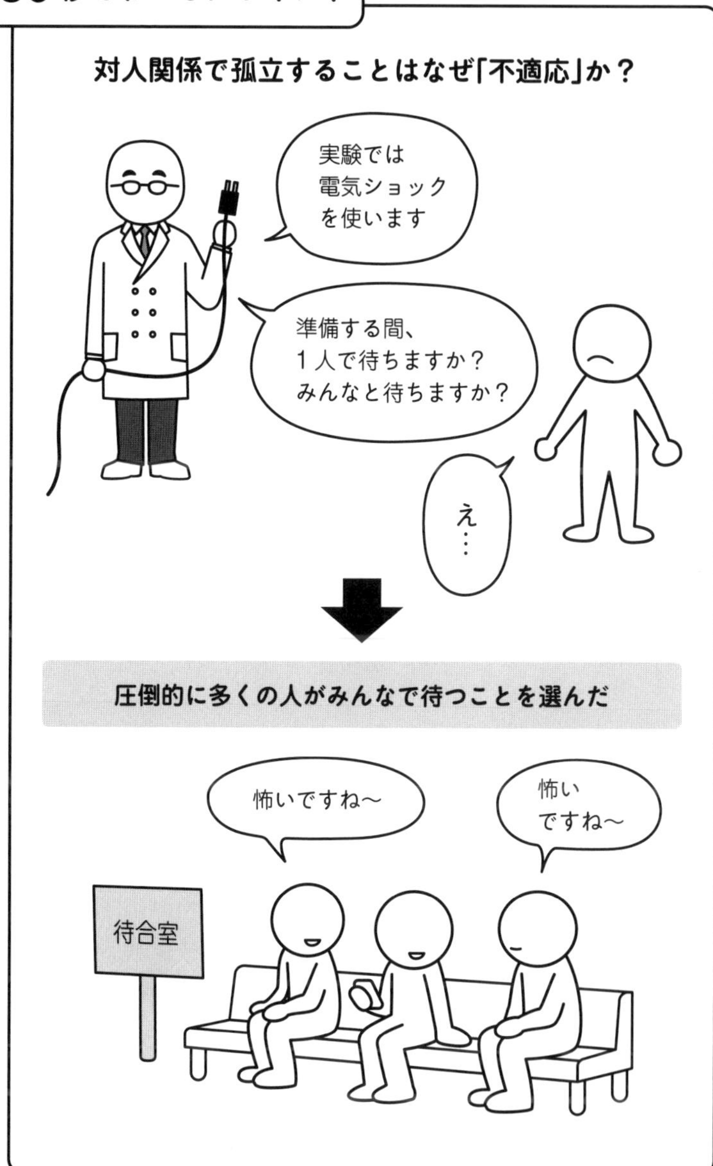

10 hour Social Psychology 8

もう一度「適応」の意味を考える

▶02 トートロジーの罠

現象や行動の裏にある動機とは

心理・情緒的な説明として、「社会的孤立により精神的・身体的な不調が起きるのは、親和動機が満たされないからだ」「親和動機を満足させるために人は社会的孤立を避けようとする」という言い方がよく行われます。この種の説明は一見もっともらしく思えますが、注意深く考えると、問題の現象や行動を**何も説明していない**ことに気づきませんか？

親和動機の定義をもう一度思い出してください。親和動機とは「他者と友好な関係を築き維持しようとする心の働き」と定義されます。この心理概念がどのように導かれたのでしょうか？　シャクターの実験のように、親和動機の存在は、孤立が精神的・身体的不調をもたらす現象や、孤立を避ける行動から推論されました。つまり、親和動機と、精神的・身体的不調、あるいは孤立を避ける行動は、**全く同じ内容の事柄**を、**心理のレベル**（親和動機）と**現象・行動のレベル**（精神的・身体的不調、孤立を避ける行動）で言い換えたものです。

「A という行動・身体現象から A' という心理動機の存在が推論される」場合、「心理動機 A' が満たされないから現象 A が生じる」と言っても、それは**言い換え（トートロジー、同義反復）**にすぎません。説明したい現象や行動とは別に心理動機を独立に確定できない限り、動機を満足させないから心理・情緒的な不適応が起きる、動機を満足させるためにある行動をするという“説明”をしても、何も情報を足さないトートロジーになってしまいます。

30秒でわかる！ ポイント

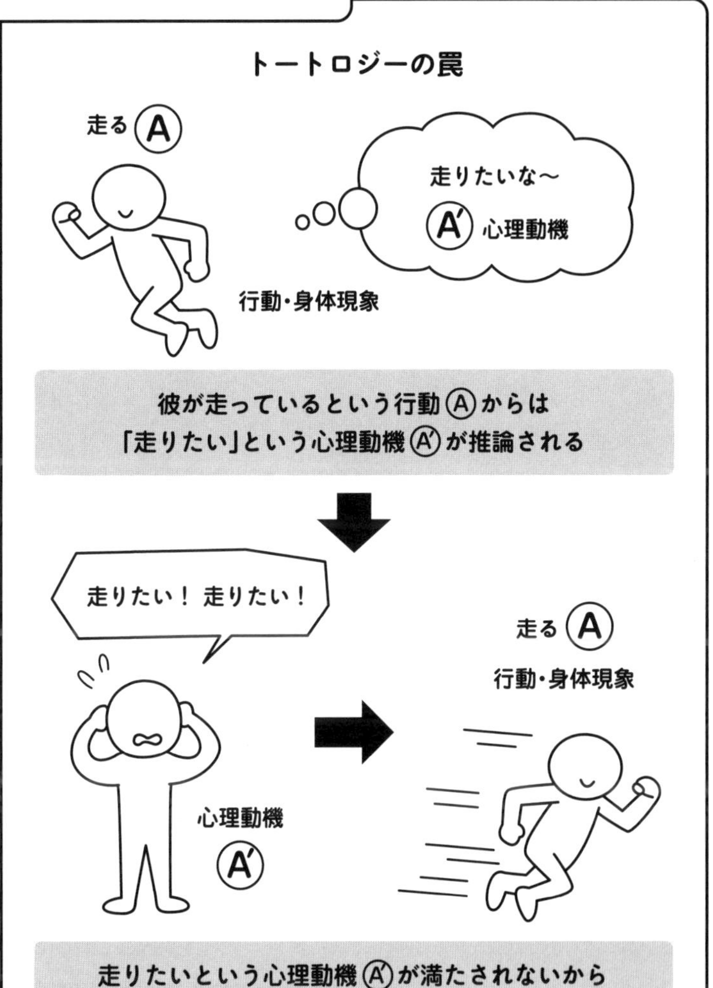

＝ 何も情報を足さない反復の議論（トートロジー）

▶ 03　道具的な適応

人の行動を理解するために有効な研究方略

人の動機を確定しようとする作業は心理学で何度も試みられましたが成功していません。たとえば、「濃密すぎる社会関係は精神的・身体的不調をもたらす」という正反対の現象がありそうです。この現象を「“独立動機”が満たされないから不調が起きる」と説明するなら、独立動機と親和動機はどう関係するのでしょうか？

人が心理・情緒的に安定していることはとても重要ですが、人間の動機の種類・関係が確定できていない現在、社会現象や行動の組織的な原理として心理・情緒的適応という説明を用いることは困難です。本書では代わって、**行動の道具的な機能**に着目します。孤立を避ける行動は食糧の安定確保・社会的利益の供給などの物質面で生き残りの道具として役立つ、といった説明の仕方です。

ここで反論が浮かぶかもしれません。精神的・身体的不調だって生き残りに影響する！　この反論は正しいものの、「なぜ社会的孤立が精神的・身体的不調を生むのか」という一番肝心な論点をスルーしています。道具的適応の観点は、「社会的孤立は当人に物質的な不利益をもたらす」という**群れ生活の生態基盤**に注目し、精神的・身体的不調の経験は「今の状態はまずい。対人関係を改善せよ」というシグナルを本人に与える、などの説明を考えます。こうした説明がトートロジーを逃れているのは、心理・情緒的な適応自体、より根本的な生態基盤に位置づけられるという視点を取るためです。**道具的適応**の観点は、人の社会行動をトートロジーに陥ることなく理解するために有効な研究方略です。

30秒でわかる! ポイント

道具的な適応

道具的適応の観点

「社会的孤立は当人に物質的な不利益をもたらす」という生態基盤に注目

トートロジーに陥らず、人の社会行動を理解する上で有効な研究方略

10 hour Social Psychology 9

社会的交換

▶ 01 相互依存と交換

お金や愛、情報など“資源”を交換する

道具的適応の観点から社会行動を見るときに大事なのは、「人間は**相互依存**(interdependence)しあう」という基礎的事実です。

第1部で論じたキノコ喰いロボットたちには、キノコという食糧資源を安定して確保する手段が必要です。同様に捕食者から身を守る安全対策も確保しなければなりません。いずれも道具的適応をめぐる手段です。生き残りに必要な手段を確保するために、ロボットたちは、ばらばらに生きるのではなく社会を作ることを選びました。その結果、協力したり裏切ったり、プラス・マイナスの両面で複雑な相互依存関係が生まれます。協力の中身は、情報を与える、見張りをするなどさまざまですが、ポイントは、**価値をもつ資源(食物、情報、時間、エネルギー)をやり取り**することで、互いにとって良い状態を作り出す点です。たとえば漁師と農民が魚と米をやり取りするとしたら、やり取りしない場合よりも双方にとって良い結果が生まれます。

このように、「社会的な相互依存関係の本質は資源のやり取りにある」と考える発想を、**社会的交換**(social exchange)と呼びます。社会的交換は、人類学、社会学などさまざまな社会科学領域で研究されてきましたが、社会心理学ではティボーとケリー(Thibaut & Kelley, 1959)の理論がよく知られています。社会的交換においてやり取りされる資源は、金銭、財物、サービス、愛、社会的承認、情報などさまざまですが、以下では一括して**資源**(resource)という言葉を用います。

30秒でわかる！ ポイント

相互依存と交換

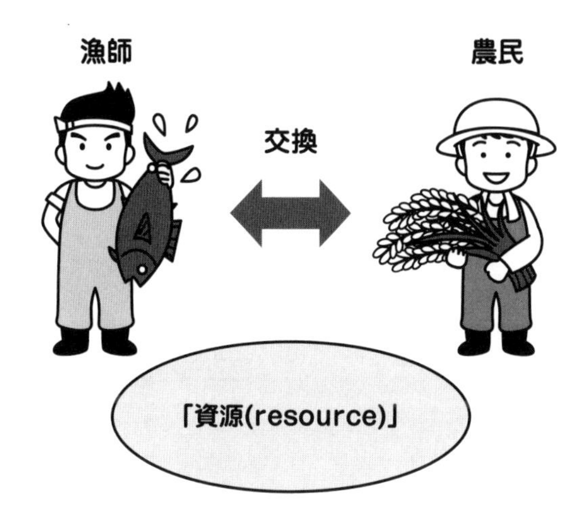

価値をもつ資源をやり取りすることで
互いに良い結果が生まれる

「社会的な相互依存関係の本質は資源のやり取りにある」
という発想

社会的交換(social exchange)

社会的交換においてやり取りされるもの

「資源(resource)」と呼ぶ

▶ 02　ゲームによる表現

ガソリンの価格をどう決めるか

さて、相互依存関係を捉えるための道具として、**ゲーム**という考え方があります。ゲームとは何でしょうか。将棋やトランプなどもそうですが、ゲームとは、各プレーヤーの得る結果が自分の選択や戦略だけでは決まらず、他のプレーヤーの選択や戦略に依存して決まる状況のことを言います。つまり、**相互依存関係のある状況**です。

話を具体的にするために、次のような例を考えてみましょう。本書執筆中の2023年現在、ガソリンの価格は大きく高騰しており、消費者はガソリン価格の動向に非常に敏感になっています。さて、２軒のガソリンスタンドが道を挟んで営業しているとしましょう。このとき、ガソリンの１リットルあたりの単価をいくらに設定するかは各スタンドの売り上げ（ひいては生き残り）に直結します。仮に各スタンドの取ることのできる選択が、①相手スタンドよりも安値で販売する、②相手スタンドと同じ値段にするという２つだったとしましょう（相手スタンドよりも高値をつけることは売り上げを下げるので、ここでの選択肢には入れていません）。

この状況が上で述べた意味でのゲームであることは明らかです。つまり、各プレーヤー（スタンド）の得る結果は、自分の選択だけではなく、相手の選択にも依存します。２つの選択肢のうち、①の安値販売が相手スタンドに対する**競争（非協力）行為**である一方、②の同一価格の採用は相手スタンドへの**協力行為**です（もちろん、消費者に対する協力行為ではありません）。

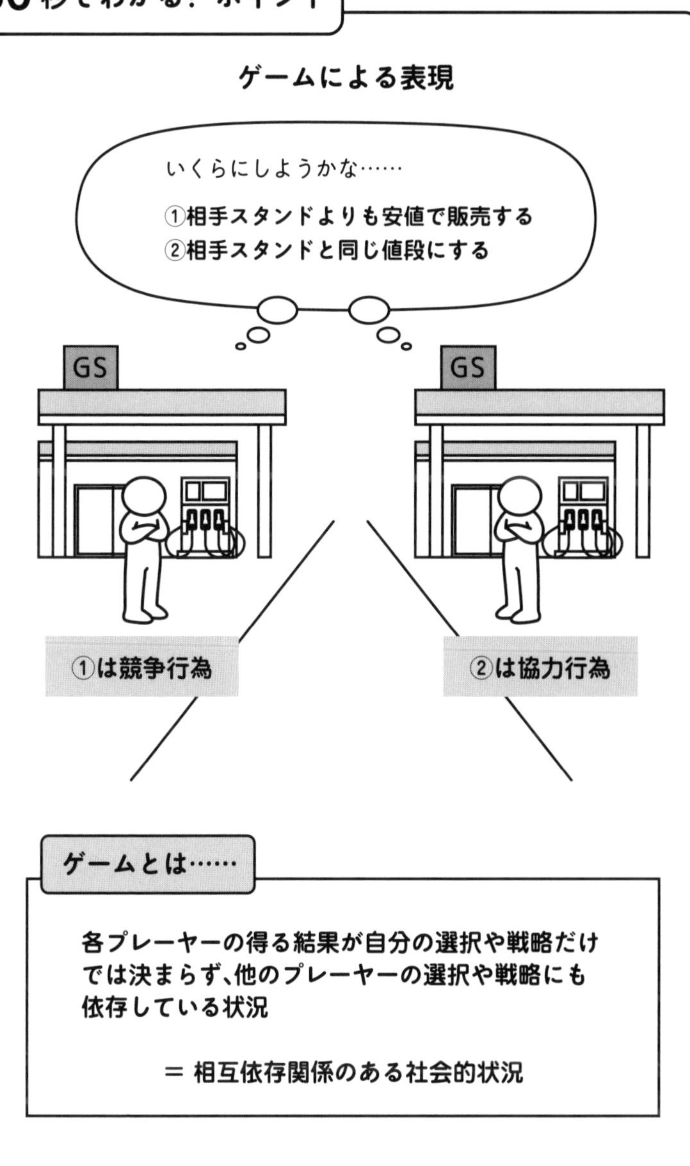
30秒でわかる！ ポイント
ゲームによる表現
いくらにしようかな……
①相手スタンドよりも安値で販売する
②相手スタンドと同じ値段にする
GS
GS
①は競争行為
②は協力行為
ゲームとは……
各プレーヤーの得る結果が自分の選択や戦略だけでは決まらず、他のプレーヤーの選択や戦略にも依存している状況
＝ 相互依存関係のある社会的状況

9
社会的交換

10 hour Social Psychology 9
社会的交換

▶03　囚人のジレンマゲーム

相手がどう動くかで運命が決まる

ガソリンスタンドの状況は、**囚人のジレンマゲーム**（prisoner's dilemma game）として表現できます。次のようなゲームです。A、Bが重大犯罪の容疑者として別件逮捕されました。本件を立証するためには自白が必要であり、別室で取り調べを受ける容疑者たちに、検事が司法取引を持ちかけます：「相手が黙秘しても、君が自白するなら不起訴処分にする（相手は無期懲役）」。一方、両者自白なら懲役10年、両者黙秘なら別件のみで懲役３年です（右表）。

表を見ると、それぞれの容疑者がジレンマに置かれていることがわかります。「２人とも黙秘を守れば懲役３年で済む。しかし、あいつが黙秘を守るのだったら、オレだけ自白してしまった方が不起訴になって得だ。けれど２人とも自白したら懲役10年、それよりは２人とも黙秘した方がいい。いや待て。万一オレだけ黙秘してあいつに自白されたら、最悪の無期懲役だ……」。

ガソリンスタンドも同じジレンマにさらされていることがわかります。自分の運命を自分だけでは決められないというジレンマです。

右のような表は、プレーヤーの選択に応じた結果を示しており、**利得行列**（payoff matrix）と呼ばれます。利得行列が表現するのは相互依存の構造、つまり具体的な中身です。相互依存状況では、どの結果を受け取るかを自分だけでは決められません。利得行列は、相互依存の構造を、手（行動や選択）の組み合わせによりもたらされる損得の程度として表現します。ゲームは**道具的適応**を見通しよく（かつ厳密に）検討する上で有効な分析手段です。

30秒でわかる！ ポイント

囚人のジレンマゲームと利得行列

容疑者B ／ 容疑者A	黙秘	自白
黙秘	両者とも 別件のみで 懲役3年	Aは無期懲役 Bは不起訴処分
自白	Aは不起訴処分 Bは無期懲役	両者とも 懲役10年

相手がどう動くかで運命が決まる

10 hour Social Psychology 9

社会的交換

▶04　なぜ協力するのか？

自分に得があるから協力する

集団生活にはさまざまなジレンマが存在する一方、多くの場合に、最悪の帰結は回避されています。このことは、私たちがジレンマで日常的に協力していることを意味しています。しかし当たり前のように見える「協力」は、**論理的に考えると不思議な現象**です。

容疑者Aの視点から表を見てください。相手が黙秘しようと自白しようと、自分は自白する方が「常に得になる」ことがわかります。相手が黙秘する場合、自分が自白すれば不起訴処分、黙秘すれば懲役3年です。一方、相手が自白する場合、自分も自白すれば懲役10年で済みますが、黙秘すれば最悪の無期懲役。非協力（自白）は、相手の選択に関わらず常に得になる戦略―**支配戦略**（dominant strategy）と呼ばれます―になっています。

つまり、囚人のジレンマ状況では**非協力が合理的**であり、日常場面で協力が見られることはむしろ不思議です。後ほど援助行動について述べますが、社会心理学の研究史では「なぜ協力・援助しないのか」を問題にする傾向がありました。囚人のジレンマによる定式化の貢献は問いを逆転させたこと、**「なぜ協力するのか」こそ説明すべき中心的な問題である**ことを明確にした点にあります。

協力が損にしかならないのなら、進化のロジックと同じく、協力的な人は非協力的な人によって淘汰されるはずです。世の中に協力行動が存在するという疑いのない経験的事実がある以上、協力は何らかの**道具的適応**に役立つはずです（「協力動機を満たすために協力する」という心理・情緒的な説明はトートロジーです！）。

30秒でわかる! ポイント

なぜ協力するのか?

容疑者A＼容疑者B	黙秘	自白
黙秘	両者とも 別件のみで 懲役3年	Aは無期懲役 Bは不起訴処分
自白	Aは不起訴処分 Bは無期懲役	両者とも 懲役10年

囚人のジレンマを模した実験の利得行列の例

参加者A＼参加者B	協力(C)	非協力(D)
協力(C)	2人とも40円	Aは0円、Bは60円
非協力(D)	Aは60円、Bは0円	2人とも20円

10 hour Social Psychology 10

互恵性—情けは人のためならず

▶01 囚人のジレンマ実験

実験ばかり増やしても

相互依存状況を囚人のジレンマとして表現し、協力を促進する要因を探る研究は、1960年代から1970年代にかけてさかんに行われました。実験では、２人の参加者がペアにされ、前ページの下の表のような利得行列を与えられます。

参加者の協力に影響する要因として、利得行列の構造（たとえば、非協力の手（D）を取るときの獲得額を10円減らしたら、非協力は減少します）、プレーヤーのパーソナリティ、コミュニケーション機会があるかどうか、などが明らかにされています。

こうした研究は一定の成果を上げましたが、1000にも及ぶ実験研究が積み重ねられた1970年代中頃にかけて、閉塞感が漂い始めました。第６部で説明しますが、実験で囚人のジレンマのような人工的設定を用いるのは、本来、**実験と理論が「車の両輪」のように一体のアプローチ**であるからです。しかし、大きな理論的見通しがないまま、多くの実験が協力行動を促進する要因を網羅的に調べることに集中したため、**統合の視点のない“データ過剰”**の状態が生じました。「実験ゲームの20年―批判、統合、将来への提言」と題するレビュー論文の中で、プルイットとキンメル（Pruitt & Kimmel, 1977）は、それ以前の実験研究が、相互依存状況における人間の協力行動の研究ではなく、特殊なゲーム実験の研究になってしまっていたと反省的に論じています。実際、「囚人のジレンマというミニチュア実験において人がどう振る舞うか」を網羅的に調べるだけだとしたら、とてもオタク的ですね。

30秒でわかる！ ポイント

囚人のジレンマ実験

1960年代〜1970年代

囚人のジレンマの実験が1000ほど……

1970年代中頃

閉塞感が……。
大きな理論的見通しがないまま、協力行動を促進する要因を網羅的に調べることに集中

→ **統合の視点のない"データ過剰"の状態**

「実験ゲームの20年―批判、統合、将来への提言」
プルイットとキンメル(Pruitt & Kimmel, 1977)

相互依存状況における人間の協力行動の研究ではなく、特殊なゲーム実験での協力行動の研究になってしまっていた

▶02 オタク研究からの脱出

1回限りの付き合いでは協力が得にくい

この閉塞を破る鍵は、1980年前後に**生物学**と**政治学**から始まりました。生物学では、進化生物学をゲームの考え方を使って再定式化したメイナード・スミス（Maynard Smith, 1982）、政治学ではアクセルロッド（Axelrod, 1984）の仕事があります。いずれも、「相互依存場面での協力・非協力に関する中心的な問題とは、**道具的適応**である」ということをはっきりと意識しています。そして、ゲームを用いる意味は、ゲーム自体への関心というよりも、相互依存関係における適応をクリアな形で分析することに役立つからだという立場を取っています。

さて、囚人のジレンマ実験で明らかにされたことの1つに、同じペアが繰り返しゲームを行う場合と、ただ1回しか行わない場合で、**協力率に差が出る**という観察があります。1回限りのゲームでは協力率は高くありませんが、繰り返しゲームを行う場合、協力率は最初低下するものの再び上昇に転じ、結局は1回限りのゲームの協力率よりも高くなることがあります。

こうした観察事実は、「**1回限りのジレンマ状況**」と、「**繰り返しのあるジレンマ状況**」では、参加者が異なる原理に基づいて行動する可能性を示しています。相手と1回だけ付き合う場合と、繰り返し付き合う場合で、人が「**別の行動原理**」を使うという可能性です。「行動原理」という言葉は、**戦略**（strategy）という概念に置き換え可能です。戦略とは、場当たり的にではなく何らかのプランに従って行動することを意味します。

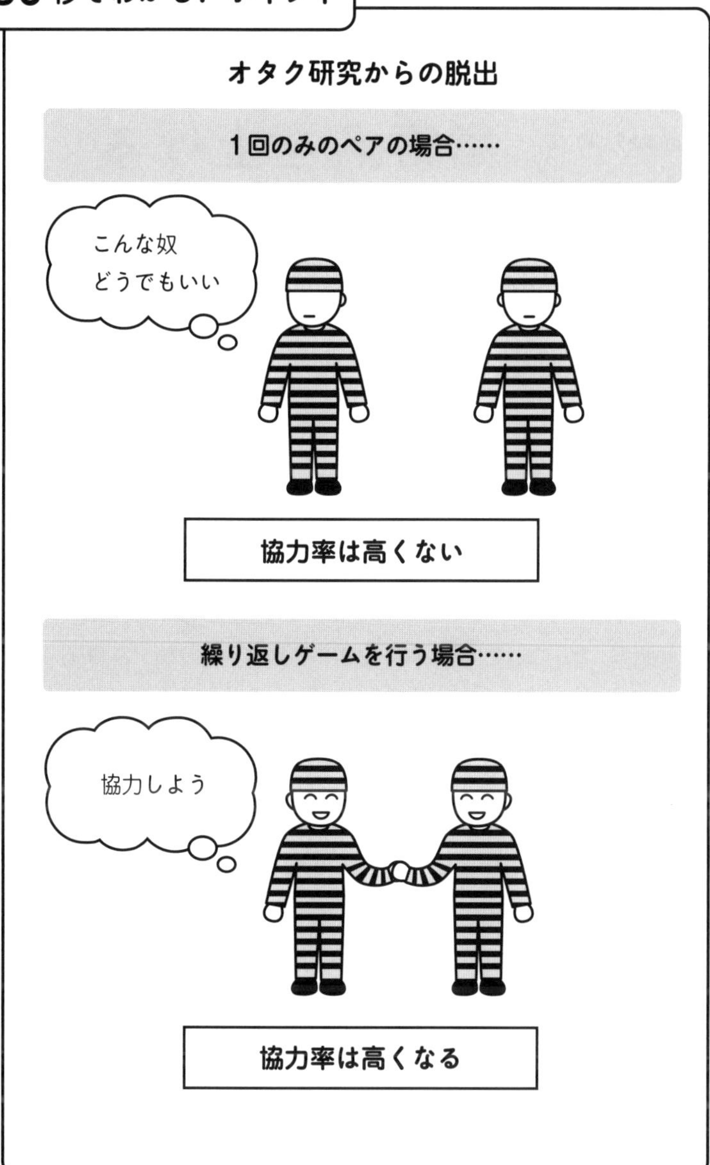
30秒でわかる！ ポイント
オタク研究からの脱出
1回のみのペアの場合……
こんな奴
どうでもいい
協力率は高くない
繰り返しゲームを行う場合……
協力しよう
協力率は高くなる

▶03 アクセルロッドのコンピュータ・トーナメント

応報戦略が高得点を上げる

アクセルロッドは、繰り返しのある囚人のジレンマで有利な戦略を調べるため、ゲーム理論家たちを対象に**トーナメント**を行いました（Axelrod, 1984)。寄せられた14の戦略に「ランダム戦略」（協力・非協力を毎回50%で選ぶ）を加えた15の戦略からペアを作り、**総当たり戦**（同じ戦略同士の対戦を含む）が実施されました。総当たり戦を通じた合計得点は、**戦略の道具的適応価**を示しています。

戦略には相手のパターンを深く読む複雑な戦略も含まれていましたが、最高得点を上げたのは、「最初は協力Cを取り２回目以降は相手の前回の手をオウム返しにする」だけの**応報戦略**（tit-for-tat strategy）でした。「まず笑顔。以後、笑顔（C）の相手には笑顔を、しかめ面（D）にはしかめ面を返す」という単純な行動原理です。

アクセルロッドは結果を公表し２回目のトーナメントを行いました。応報戦略を叩こうとする戦略も寄せられましたが、優勝したのは再び応報戦略でした。

トーナメントでは、応報戦略を含め、自らは裏切らない“善良な”戦略が良い成績を収める一方、相手につけ込む“汚い”戦略は悪い成績を収めがちでした。汚い戦略は“極端なお人好し”や“カモ”に対しては大きな利益を上げますが、それ以外の戦略と対戦した場合、**相互非協力**に陥り、結局、全体得点が低くなる傾向がありました。自らは非協力を取らない戦略は、相手を大きく上回る得点は上げられないものの、**平均して高得点**を収めます。応報戦略は、**相互協力状態を多くの相手との間に広く作り出す特性**をもっています。

30秒でわかる！ ポイント

アクセルロッドのコンピュータ・トーナメント

応報戦略

①最初は協力する

②２回目以降は相手の前回の手をオウム返しする

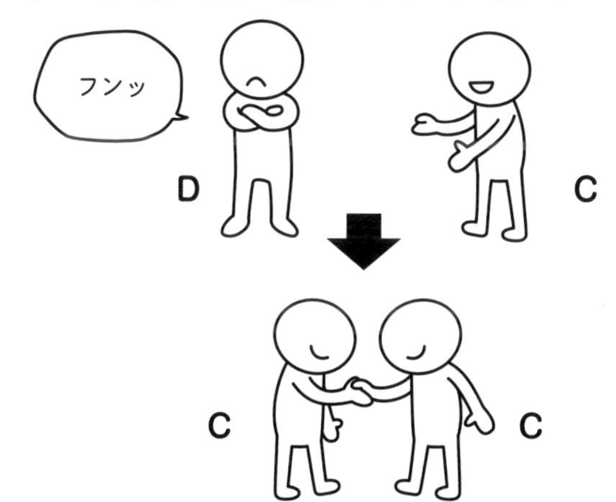

自らは裏切らない"善良"な戦略→良い成績に

相手につけ込む"汚い"戦略→悪い成績に

▶04 応報戦略の強み

長い目で見ると相手を裏切らない戦法がお得

これらの結果を、**社会関係が持続的（繰り返される）かどうか**という点から考えてみます。１回だけの囚人のジレンマでは、非協力Dが道具的な意味で適応的です。短期的な関係で協力が成立しにくいことは、「旅の恥は掻き捨て」という言葉からもわかります。

一方、関係が続く状況では、相手につけ込む“汚い”戦略は、相手が極端なお人好しの場合（毎回全面協力するall-C戦略など）を除きうまくいきません。**非協力一点張りの“汚い”戦略（all-D戦略）**がどのような利益を得るか、以下、見てみましょう。

all-D戦略と**応報戦略**が囚人のジレンマを200回プレーするとします。応報戦略は１回目に協力Cを取るので、all-D戦略は高い利益（60円：右表参照）を収めます。しかし２回目以降、応報戦略は非協力には非協力で応じ、結局、相互非協力状態（D-Dの組み合わせ）が生まれます。その結果、全体を通じたall-D戦略の取り分は4040円（＝60円＋20円×199回）になります（応報戦略の取り分は最初の１回分だけ少ない3980円です）。つまりall-D戦略の得点は応報戦略を少し上回るものの、**相互非協力状態**に導く結果、全体利益額が低くなります（局地的に勝っても全体では勝てません）。

一方、応報戦略同士が対戦するなら、**安定した相互協力**が実現され（「笑顔には笑顔を返す」）、全体の利益額は8000円（＝40円×200回）となります。つまり、相手にローカルに少しだけ勝つ（4040円 vs 3980円）より、大きな利益を生む相互協力関係を多くの相手と安定して作る方が結局は得になるわけです。

30秒でわかる! ポイント

応報戦略の強み

		参加者B	
		協力(C)	非協力(D)
参加者A	協力(C)	2人とも40円	Aは0円、Bは60円
	非協力(D)	Aは60円、Bは0円	2人とも20円

応報戦略 VS all-D戦略

よろしく〜

最初はC、
あとはDに変化

フンッ

ずっとD

取り分は3980円
(=0円+20円×199回)

取り分は4040円
(=60円+20円×199回)

応報戦略 VS 応報戦略

よろしく

よろしく

ずっとC

ずっとC

全体の利益額8000円 (=40円×200回)

**相互協力関係を多くの相手と安定して
作る方が結局は得になる**

▶05 ギブ・アンド・テイクの規範

お互いウィンウィンの関係が大切

持続的関係ではごりごりの利己主義は通用せず、安定した相互協力には、**互恵性**（reciprocity, ギブ・アンド・テイク）に基づく行動が必要です。進化生物学者のトリヴァース（Trivers, 1971）は、この行動戦略を**互恵的利他主義**（reciprocal altruism）と呼び、非血縁の個体同士で協力が成立する基盤だと論じています。

このように見ると、互恵性が大切な理由がわかります。グールドナー（Gouldner, 1960）は、ギブ・アンド・テイクを人々の結束にとって基礎的な規範と位置づけました。進化心理学者のコスミデス（Cosmides, 1989）は、互恵性への違反に人は敏感であり、違反をかぎつける認知的しくみを備えていると論じています。また他者から受けたのと同じ行為を返す行動は、物質的な交換に止まりません（Foa & Foa, 1974）。好意を示す相手を好きになる、相手の打ち明け話に自分も本心を打ち明けるなどの例があるでしょう。

こうした行動は意識しないまま発動する場合があります。チャルディーニ（Cialdini, 2009）は、“**ドア・イン・ザ・フェイス**”と呼ばれる交渉技法をあげています。断られることを見越して、まず本心ではない過大な要請をして相手にいったん拒否させ、次に“譲歩した”本心の要請をし、承知させるやり方です。この技法は「譲歩には譲歩で報いる」という互恵性規範を利用しています。

こうしたトリックに時に引っ掛かってしまうことがあるとしても、**互恵性規範に敏感に反応する心理的傾向**を私たちが備えていることは、長い目で見て、集団での道具的適応に役立つと言えます。

30秒でわかる！ ポイント
ギブ・アンド・テイクの規範
利己主義
あれください！
これもください！
もっともっと！
え……
互恵性
これどうぞ
ではこちら
をどうぞ
持続的関係で利己主義は通用しない
互恵性（ギブ・アンド・テイク）に基づく行動が必要
ドア・イン・ザ・フェイス
①
4000円に
してください
無理です
¥10,000
②
じゃあ
8000円は
どうですか？
それなら
OKです
¥10,000
過大な要請をして
相手に拒否させる
本心の要請をし、
承知させる
「譲歩には譲歩で報いる」という互恵性規範を利用

10 hour Social Psychology 11

社会的ジレンマ―二者関係を超えて

▶01 共有地の悲劇

関わる人が多いとそうはうまく運ばない

長期的な相互依存関係にある二者の協力は、互恵的な行動原理によって支えられます。「目には目を、歯には歯を」といったハードなものから、「損して得取れ」「情けは人のためならず」などのソフトなものまで、社会には“等価な行動のやり取り”を訴える規範が存在します。では、**互恵的な行動原理**は二者関係を超え、多くの人を含む場面でも同じように機能するのでしょうか。

産業革命前後のイギリス農村の話です。そこには**コモンズ**（commons）という共有地があり、農民たちは羊などの家畜を放牧して自給自足の足しにしていました。このしくみは長い間うまく機能しましたが、産業革命と資本主義の波が農村に押し寄せるにつれて、新しい問題が浮上しました。自給自足に使われていた共有地が、羊毛生産の商業目的で使われるようになったためです。農民一人ひとりの立場からは、放牧する羊の数が多いほど収穫量を増やすことができます。しかし、誰もがそうすると共有地の消耗が進み、結局は全員の損失という結果がもたらされます。こうした事情のもと、イギリスの農村では多くの共有地が荒廃の運命をたどりました。生物学者のハーディン（Hardin, 1968）はこの問題を**共有地の悲劇**（tragedy of the commons）と呼んでいます。

有限の資源をどう管理したらよいのかという持続可能性の問題は、環境劣化が地球の限界を超え不可逆的な被害をもたらしつつある今日、焦眉の急です。ポイントは、二者関係に収まりきらない、**多くの人々を含む相互依存関係**が根底にあるという点です。

30秒でわかる！ ポイント

共有地の悲劇

家畜を放牧して自給自足の足しに……

コモンズ

産業革命＆資本主義の波

とにかく羊毛を
売りまくれ!!

コモンズ

使えなくなって
しまった……

▶02 社会的ジレンマ

自分1人くらいは、の考えが皆の首を絞める

この相互依存関係は、**社会的ジレンマ**（social dilemma）という言葉で表現できます。ドウズ（Dawes, 1980）は、社会的ジレンマを次のように定義しました。

①各個人は協力か非協力かを選ぶことができる。
②一人ひとりにとっては、協力よりも非協力を選ぶ方が有利な結果が得られる。
③しかし全員が自分にとって有利な非協力を選んだ場合、全員が協力を選んだ場合よりも悪い結果になる。

囚人のジレンマも３つの条件を満たしています。囚人のジレンマでも非協力を選ぶ方が個人的には有利ですが（条件②）、２人そろって非協力する結果は、そろって協力を選ぶ場合よりも悪くなります（条件③）。つまり社会的ジレンマとは囚人のジレンマを拡大し、**個人の利益と三者以上からなる集団全体との利益が対立する事態**を指します。「自分１人くらいはいいだろう」と思って行動することが、結局は集団全体の首を絞める結果につながる状況です。

社会的ジレンマの例は、資源利用の問題だけに止まりません。公的年金の維持、財政問題など、個人の利益と集団の利益が鋭く対立する場面は、日常生活に広く立ち現れます。地球史が人新世（Anthropocene）に入ったとされる今日、気候変動、生物多様性の喪失、プラスチックをはじめとする人工物質の増大による地球堆積物の変化など、人類の活動が原因とされる環境の大変化は、社会的ジレンマが全地球的に拡大していることを意味しています。

30秒でわかる！ポイント

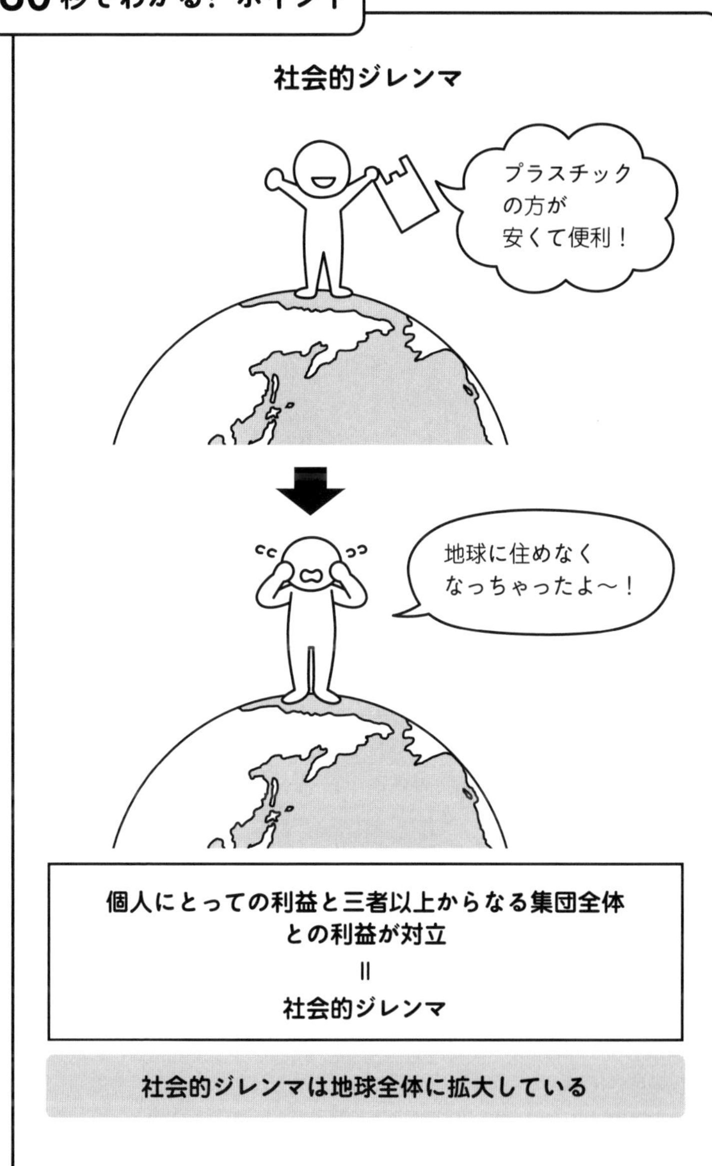

10 hour Social Psychology 11

社会的ジレンマ―二者関係を超えて

▶03 援助行動の不思議

困っている他人を助けても得しないのに

社会的ジレンマは、囚人のジレンマと同じように解決できるのでしょうか。遠回りになりますが、**援助行動**の例を考えてみます。ラタネとダーリー（Latané & Darley, 1970）はニューヨークの殺人事件を出発点に、緊急事態への介入に関する研究を始めました。アパートに帰宅したところを暴漢に襲われた被害者は助けを求め続けたものの、現場に介入した者、警察に通報した者はゼロでした。

ラタネらは、この事件を出発点に、緊急事態での援助行動を説明する心理モデルを作り、『冷淡な傍観者―思いやりの社会心理学』という著書にまとめました。タイトルからわかるように、ラタネらは「緊急事態なのに誰も助けなかった」という事実に驚きを感じています。しかし、本当に「誰も助けない」という事実が説明すべき問題でしょうか。「助けること」にはコスト（犯人の逆恨みなど）がかかり、援助者の**道具的適応**を下げる可能性があるのは冷厳な事実です。「助ける」ことが道徳律に合致するとしても、それに従う人の適応が下がるならば道徳律は“聖人”とともに滅びてしまいそうです。

その一方で私たちは、「純粋な利他的行為が社会の中に存在する」という経験的な事実を知っています。幼児を助けようと厳冬の川に飛び込む人、強制収容所で身代わりに餓死したコルベ神父……そうした英雄的行為は凡人には無理でも、人々は被災地救援や交通遺児募金に自主的に応じます。**なぜ人はコストのかかる援助をするのでしょうか**（「“利他動機”があるから」という“説明”は無効です）。

30秒でわかる！ ポイント

▶04 一般交換の謎

なぜ見知らぬ他人を助けるのか

関連して、限定交換と一般交換という概念を定義します（Ekeh, 1974）。**限定交換**（restricted exchange）とは、売買のように、相手と資源を直接にやり取りする状況を指します。**一般交換**（generalized exchange）とは、自分が資源を提供する相手と、自分に資源を提供してくれる相手が一致しない状況を意味します。AさんはBさんに資源を与えるが、BさんからではなくC さんから資源をもらうなどの状況が一般交換です。

これらの言葉を使って、**利他行動**（自らコストを負担して他人に利益を与える行動）について考えてみましょう。限定交換では、資源をやり取りするペアの間に**長期的な関係**が成立しています。したがって、繰り返しのある囚人のジレンマと同様、一方的な非協力はうまくいかず、機能するのは互恵的な利他主義です。

一方、旅先で見かけたエンジントラブルの車を助けるといった行為は、一般交換に属します。相手と出会うのは**1回限り**で、将来見返りを受ける可能性はありません。社会における親切行為のほとんどは一般交換に属します。他人に親切にするにはコストがかかる、しかし全員が親切をやめると社会はギスギスした、住みにくいものになってしまう。まさに社会的ジレンマの状況です。

どのような場合に一般交換―**間接互恵性**（indirect reciprocity）とも呼ばれます―が成立するかという問題は、インターネットやバーチャル・リアリティなど、身体性を欠いた見知らぬ相手との関係が増えている今日、ますます重要になっています。

30秒でわかる! ポイント

10 hour Social Psychology 11

社会的ジレンマ―二者関係を超えて

▶05 社会規範と２次のジレンマ①

掟破りが現れたらどうする？

さて、社会的ジレンマにおける協力を考える上で、**「社会規範が存在するから人は協力する」という説明**は有効でしょうか。ギブ・アンド・テイクの規範以外に、社会には協力に関するさまざまな規範が存在します。「お返しを期待してではなく、与えること自体の価値のために与えるべきだ」という“贈与の規範”、「人には自分の助けを必要とする他者を助ける責任がある」という“社会的責任の規範”などです。

第２部で論じたように、規範からの逸脱にはサンクション（賞罰）が与えられる、だから人は規範に従うというのが規範的影響のロジックでした。人々が規範にいつも従順に従うなら、社会的ジレンマにおける協力はただちに実現されます。加えて、私たちは教育を通じ、規範を子どもたちに道徳律の形で内面化させようとします。

しかし、教育を受けつけない者が現れたらどうでしょうか。第１部の“**掟破り**”です。規範を無視するロボットは勝手に振る舞います。重要なポイントは、囚人のジレンマと異なり社会的ジレンマでは、**掟破りの行動を応報戦略により直接に制御できない**点です。掟破りに腹を立て、自分も協力をやめ非協力に転じたとします（囚人のジレンマで有効だった**応報戦略**です）。しかし、自分の非協力の効果は、協力している他の善良なロボットたちにも波及します。三者以上からなる社会的ジレンマでは、非協力の相手を自分の非協力により“ピンポイント攻撃”することは不可能です。その結果、単純な応報戦略はドミノ倒しのように**全員非協力の状態**に通じます。

30秒でわかる！ ポイント

社会規範と2次のジレンマ①

結果、全員が非協力に……

**三者以上からなる社会的ジレンマでは掟破りの
非協力に応報戦略をしても
全員非協力の状態を導く**

▶06 社会規範と2次のジレンマ②

人は一方的な搾取を許さない

では、自分は協力のまま、掟破りに**特別の罰**を与える方法はどうでしょうか。しかしここでも**罰のコスト負担をめぐるジレンマ**が発生します。誰かが罰を与えれば全員の利益になるが、コストの負担は個人的には損。このジレンマはもとの社会的ジレンマと区別して、**2次のジレンマ**と呼ばれます（Axelrod, 1986 ; Yamagishi, 1986)。第1部でも見たように、「逸脱を罰すれば協力を維持できる」という発想は、問題を1つ上のレベルに送っているだけになります。

こうした無限に遡るプロセスをどう脱却できるか、アイデアが出されています。実験経済学者のフェアら（Fehr & Fischbacher, 2004）は、人には**条件つき協力**（conditional cooperation：相手が協力すれば自分も協力する）という心理が進化的に備わっていると主張し、非協力が「**一方的な搾取**」と判断される場合には特別な罰を与えやすいことを実験で示しました。そしてモデルを使い、条件つき協力傾向をもつ者が集団に少数でもいれば社会的ジレンマでの高い協力が達成できることを示しました（Fehr & Schmidt, 1999)。また非協力者には**悪い評判**が立ち社会関係から排除される（村八分）という説明も、実験とモデルで検証されています（Nowak & Sigmund, 2005; Ohtsuki & Iwasa, 2006)。さらに**規範意識や正義感覚・共感性の認知神経基盤**を探る試みも行われています（亀田 , 2017, 2022)。こうした展開は人間社会に特徴的な幅広い協力現象に対して、行動実験だけでは得られない新しい理解をもたらす可能性があります。

30秒でわかる！ポイント
掟破りにどう対処できるか
一方的な搾取
あれもくれ！
これもくれ！
でもオレは
協力しない！
特別な罰を与えます
非協力が一方的な搾取と判断される場合に
特別な罰を与えやすい
あいつヤバイ
らしいよ……
あいつ
協力しないよ
じゃあ仲間に
入れるの
やめよう
非協力者には悪い評判が立つため
社会関係から排除される

10 hour Social Psychology 12

ウチとソトの区別

▶01 シェリフの古典的研究

内集団、外集団の対立の行方

自分の所属する集団を**内集団**（ingroup）、所属しない集団を**外集団**（outgroup）と呼びます。ここでは集団間の協力についてシェリフら（Sherif et al., 1961）による**フィールド実験**を紹介します。サマーキャンプを利用した実験は、内集団の形成、集団間葛藤の導入、葛藤の解消という３つの段階に分かれています。

最初は**内集団の形成**です。少年たちは共同生活を開始し、仲間意識を高めていきます。１週目の終わり頃、隣接するキャンプ地に別の集団が来ていることを知らされた少年たちは、対抗心と「**われわれ意識**（we-feeling）」を高めるようになりました。

次に、**集団間葛藤**が導入されました。綱引きをはじめとする対抗競技の結果、敵対感情や外集団を罵倒する行動が支配的となり、集団規範や地位・役割関係、リーダーシップなども再編成されました。友人調査では内集団メンバーを友人に選ぶ比率が90%以上を占め、内集団の連帯、外集団との敵対が優勢なムードとなりました。

最終段階では**葛藤の解消**がめざされ一緒に食事をするなどの接触機会が設けられましたが、食事会は残飯の投げ合いという無残な結果に終わりました。結局、集団間葛藤を低減したのは**上位目標の導入**でした。飲料水タンクが故障し共同で修理する、ぬかるみにはまった食糧トラックを引っぱり出すなどの相互依存状況が導入されました。１つの集団だけでは解決できない、集団間協力が必要な協同場面を経験した後の２回目の友人調査では、外集団メンバーを友人として選択する比率が30%にまで達しました。

30秒でわかる! ポイント

シェリフの古典的研究

①内集団の形成

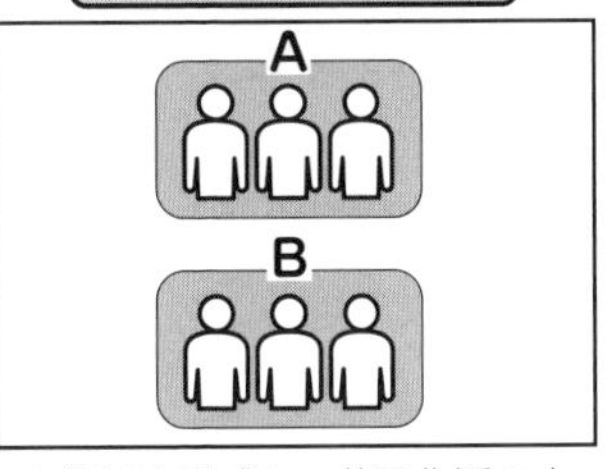

内集団を形成し、共同生活の中で仲間意識を高める。また別の集団の存在を伝え、対抗心も高めさせる。

②集団間葛藤

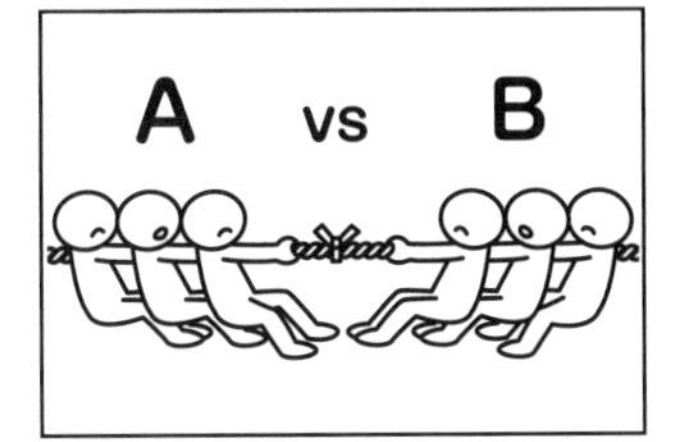

集団間で競わせることで、内集団の連帯を高めると共に外集団への敵対感情も高めさせる。敵対感情が高まると、集団内の地位や役割も変わっていく。

③葛藤の解消

集団間協力が必要な課題を与えそれを解決させることで、参加者の中で外集団メンバーを友人として選ぶ比率が高まる。

×

○

▶02 集団間協力の可能性

鹿狩りゲームでは集団間で協力することが得

シェリフの研究は、他の古典と同じく、集団経験を凝縮した形で鮮やかに例証するものです。実験の結果でまず重要なのは、私たちが**内集団―外集団の区別に敏感**だという事実です。別の集団の存在を知らされただけで、少年たちの「われわれ意識」が強まりました。

次に、集団間の利益対立場面では、**社会規範の統制力**が高まる点があげられます。規範には、「周囲に同調し自分が規範に従うことが周囲への同調圧力を増す」という循環的な特徴がありました。集団間葛藤は、強力なリーダーの誕生などを通じてこのプロセスを強め、集団に内在する社会的ジレンマを一時的に棚上げします。

最後に、**上位目標の導入が集団間葛藤を低減**した点です。新たに発生した問題（飲料水タンクの故障など）は集団間の協力なしに解決し得ない事態でした。囚人のジレンマとは異なり、「協力しない」ことは必ずしも自分の得になりません（右表）。この状況（**鹿狩りゲーム**：staghunt game）では、非協力Dが常に得になる支配戦略ではなく、相手集団が協力すると信じられる限り協力Cを選ぶ方が自分の得になります。一方、相手の協力が信じられない場合にはDを選んだ方がましです。第2段階の対抗競技での「一方が勝てば他方は負ける（相手の損がそのまま自分の得になる）」という**ゼロサム状態**から、鹿狩りゲームに**集団の相互依存関係が変化**したことで、集団間葛藤を解消する糸口が生まれました。「利己主義では立ち行かない」という相互の明確な状況認識が、葛藤を低減することに決定的に役立ったわけです。

30秒でわかる! ポイント

鹿狩りゲーム

鹿狩りゲームとは、鹿狩りの寓話を元にした調整ゲームのこと。(狩人たちが鹿狩りを成功させるためそれぞれ持ち場で待機している。しかし、ある狩人が待機中目の前にウサギがいることに気づき、持ち場を離れてウサギを追ってしまった。結果、彼はウサギを捕まえることができたが、鹿狩りは失敗してしまった)
プレーヤーは下の表のように、お互いが協力(C)すれば大きな利益を得られる(◎)が、相手が非協力(D)であった場合は自分は利益を得られない(×)。お互いに非協力(D)であった場合、お互いが協力したときよりも少ないが利益は得られる(○)。

表

自分＼相手	協力(C)	非協力(D)
協力(C)	①(◎.◎)	②(×.○)
非協力(D)	③(○.×)	④(○.○)

相手を信じられるなら、協力をすることが一番自分にとって利益が大きい。

①お互いが協力

2人ともが相手を信じて協力しあったため、見事鹿を仕留めて大きな利益を得ることができた。

②、③一方のみが協力

協力をしなかった1人はウサギを狩ることができたが、協力した1人は鹿もウサギも仕留めることができなかった。

④お互いが非協力

2人とも持ち場を離れてウサギを追ったため、鹿を狩ることはできなかったがそれぞれウサギを仕留めることができた。

10 hour Social Psychology 12

ウチとソトの区別

▶03 内集団びいきと外集団差別

身内意識はちょっとした理由で生じる

職場、出身学校、地域など、さまざまな内集団への所属意識は人によって異なりますが、**相互依存関係が続く集団ほど道具的適応に対する重要性は大きく**なります。内集団では社会的ジレンマを含む葛藤を抱えながらも、私たちは相手と協力的な関係を維持しようとし、内集団の相手を外集団より厚遇（**内集団びいき**）します。

タジフェルら（Tajfel et al., 1971）は、内集団びいきを「最小条件集団パラダイム」と呼ばれる実験で例証しました。参加者は抽象絵画の好みというささいな手がかりによって２つの集団に分けられ、匿名の状態でお金を自分以外の２人に分配する課題に従事しました。相手については、自分と絵の好みが同じ（内集団メンバー）、異なる（外集団メンバー）という情報のみ与えられます。

結果は内集団びいきの存在を示すものでした。参加者たちは一貫して図ａの分配のうち内集団メンバーを厚遇する分配（たとえば15ポイントのうち11ポイントを内集団メンバーに与える分配）を選びました。さらに図ｂの分配課題では、内・外集団メンバーの差異を大きくする分配（左から３番目の９対５の分配など）を選びました。図ｂでは右に行くほど内・外集団メンバーの取り分は増えますが、利益の増加を犠牲にしても、内集団が外集団を上回る分配を選んだのです。この実験での内・外集団の違いは、抽象絵画の好みという実際の相互依存とほとんど関係しない「最小の条件」でした。それにもかかわらず、**ウチ―ソトの手がかり**を与えられただけで、参加者たちは内集団びいきを見せました。

30秒でわかる！ ポイント

内集団びいきと外集団差別

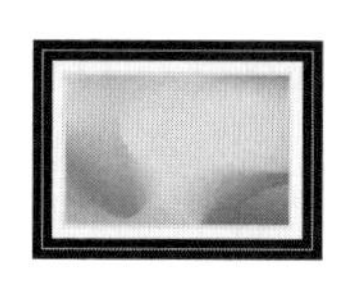

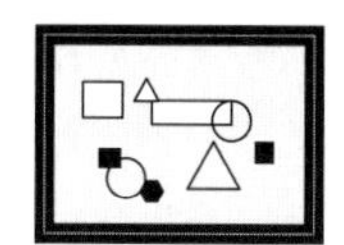

a

	外集団びいきのポイント分配 ←→													内集団びいきのポイント分配
内集団のメンバー	1	2	3	4	5	6	7	8	9	10	**11**	12	13	14
外集団のメンバー	14	13	12	11	10	9	8	7	6	5	**4**	3	2	1

参加者は15ポイントのうち、同じ抽象絵画を選んだ内集団メンバーに多くポイントを分配した。

b

	内集団が外集団よりも得をするポイント分配 ←→											内集団、外集団ともに最大となるポイント分配
内集団のメンバー	7	8	**9**	10	11	12	13	14	15	16	17	18	19
外集団のメンバー	1	3	**5**	7	9	11	13	15	17	19	21	23	25

参加者は内集団の利益が最大となるポイント分配ではなく、内集団が外集団と比べて多くポイントを得られるポイント分配を選択した。

10 hour Social Psychology 12

ウチとソトの区別

▶ 04 カテゴリー化とステレオタイプ

ウチとソトの違いは強調されやすい

私たちは社会関係だけでなく、事物を認識するときに**カテゴリー化**を行います。果物と野菜の例を考えます。キャベツは野菜、オレンジは果物というカテゴリー化は誰にとっても「自明の区別」ですが、トマトはどうでしょうか？　甘く熟れたフルーツトマトはとてもジューシーです。目隠ししてフルーツトマトを食べるときには、オレンジと同じような食感を覚えるかもしれません。しかし、果物・野菜というカテゴリーをいったん意識すると、カテゴリー間の差異が実際以上に強く認識されます（「オレンジとイチゴは、オレンジとフルーツトマトより、味が似ている」）。こうしたカテゴリー化による差異の増大は、**強調化**（accentuation）効果と呼ばれます。

ウチーソトをめぐる社会関係にも強調化が起こります。自社と他社、自国と他国といったカテゴリー化がなされると、業種（“出版業”）や人種（“モンゴロイド”）が同じでも、自他の「不連続性」が強調されがちです。強調化効果は認知の基本的な性質です。

関連して、**外集団同質性**（outgroup homogeneity）効果が知られています（Ostrom & Sedikides, 1992）。「ウチの社にはユニークな人が多いけれど、A社の連中は皆同じような服装・話し方をする」。こうしたセリフはおなじみのものです。「連中は同じような服装、同じような話し方・考え方をする」という認知が、**ステレオタイプ**（stereotype）です。外集団メンバーはステレオタイプ化されやすく（「XX人は皆陽気だ」）、それに悪意が加わると**偏見・差別**につながります。

30秒でわかる！ ポイント

カテゴリー化とステレオタイプ

ステレオタイプ化したものに悪意が加わると……？

A社はマジメだ → 融通が利かない
B社は柔軟だ → いいかげんだ
C社は元気だ → 勢いだけだ

10 hour Social Psychology 12

ウチとソトの区別

▶05　社会的アイデンティティ理論

組織のためなら犯罪行為に手を染める理由

私たちは「自分はいったいなにものか」というアイデンティティ（自己同一性）に関わる疑問をもつことがあります。自分の価値や信念、キャリア、性格、記憶といった個人的アイデンティティはその中核ですが、日本人、○○社員、XX大学出身などの、集団メンバーとしての自己定義も存在します。集団メンバーとしての自己同一性を、**社会的アイデンティティ**（social identity）と呼びます。

タジフェルら（Tajfel & Turner, 1986）は、人の自尊心が社会的アイデンティティに依存するという考え方を提唱しました。ワールドカップで日本チームが活躍すると、興奮し意気揚々となる経験はおなじみです。社会的アイデンティティは、外集団との競争・対立場面でとくに強まります。

組織が外部からの“攻撃”にさらされたとき、個人では行わない犯罪行為を「組織のために」進んで行うケースも、こうした心理を反映しているのかもしれません。社会的アイデンティティが組織の存続と深く関連しているとき、上司の命令への単なる服従としてではなく、**自己犠牲的に振る舞う心理**（会社の秘密保持のために自死を選ぶことを含め）は、人間が社会的動物であることの一側面です。

進行中のロシアーウクライナ戦争でも、それぞれの強力なリーダーのもとに社会規範の統制力が増しています。自国の「民族的誇り・文化的優越」を訴える一方、「奴らは皆非道で不道徳的な虫けらだ」と見る外集団同質性効果は、**ジェノサイド**（大虐殺）に通じかねません。次に、共感という観点からこのことを考えてみます。

社会的アイデンティティ理論

どんなときに社会的アイデンティティが強まる？

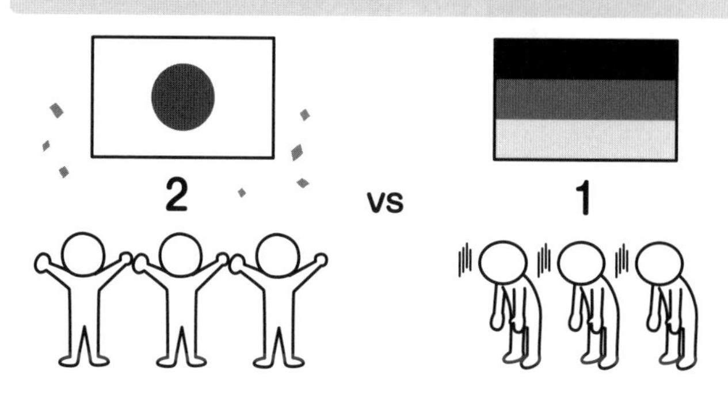

ワールドカップやWBC、オリンピックなど、外集団と競争したり対立したりする場面で、社会的アイデンティティ（集団メンバーとしての自己同一性）は強まる。

社会的動物である人間は、組織のために自己犠牲的犯罪を行うことも……。

10 hour Social Psychology 13

共感性

▶01 共感する心

他者の行動・表情に無意識レベルで同期する

共感という言葉は、「人の悲しみに涙する」といった、感情の動きについて述べるときによく使われます。私たちが「共感性の高い人」でイメージするのは、他者の心情に寄り添い相手を援助する“繊細で多感な人”のことでしょう。しかし、近年の研究では、共感とは「思いやり」だけでなく身体模倣や情動の伝染などを含めて、その一部はヒト以外の動物たちにも共有された、**群れでの生き残りに役立つ重層的なシステム**であることがわかっています。

たとえば、相手がニコッとすると、ついこちらも微笑してしまう現象があります。この現象は**表情模倣**（facial mimicry）と呼ばれ、笑顔や喜びだけでなく、驚き、悲しみ、怒り、嫌悪、恐れなどの基礎的な感情表出全般について、広く起こることがわかっています。

神経科学者のリゾラッティらはサルの神経細胞（ニューロン）の電気活動を調べていたところ、興味深い事実を発見しました。サルが手を伸ばして餌を取る際に活動するニューロンが、実験者が餌を拾うのを見たときにも反応したのです。他者が同じ行為をするのを見ている場合にも、まるで「鏡に映っている」かのように同じニューロンが電気活動を示すことから、これらのニューロンは**ミラーニューロン**（mirror neuron）と名づけられました（di Pellegrino et al., 1992）。後の研究から、人にも同じようなミラーニューロン・システムがあることが示唆されました。私たちが相手と相互作用するとき、意識するとしないとにかかわらず、**身体・神経レベルでの同期化**がさざ波のように起こっているようです。

30秒でわかる！ ポイント

共感する心

表情模倣(facial mimicry)

話をしている相手の感情が表情に出るのに合わせて、自分の表情も自然と相手と同じような表情になる現象を表情模倣(facial mimicry)という。

ミラーニューロン(mirror neuron)

サルが餌を取るときに反応を示したニューロンと全く同じニューロンが、他者が餌を取るのを見ているときにも反応した。このニューロンのことを、ミラーニューロン(mirror neuron)と呼ぶ。

10 hour Social Psychology 13

共感性

▶ 02　情動的共感

親しい人の痛みは自分の痛み

身体が同期するように、情動経験についても同期現象が見られます。誰かが泣いていると自分ももらい泣きしたり、友人の笑いや興奮が伝染したりするミクロな例から、集団ヒステリーやパニックのようなマクロな例まで、私たちは他者の情動状態と無縁でいることができません。この現象は**情動伝染**（emotional contagion）と呼ばれ、群れ生活を営む動物たちの間に広く認められます。

神経科学者のシンガーらは、カップル（恋人同士）に参加してもらい、次のような実験を行いました。カップルのうち、女性の脳活動を脳イメージング（fMRI）により計測し、女性本人に痛み刺激を与えている場合と、男性パートナーに痛み刺激を与えているのを女性が見ている場合を比較しました（Singer et al., 2004）。

女性本人が痛みを伴う電気刺激を手に受ける場合には、**痛み回路**（pain matrix）と呼ばれている脳部位が活動していました。そして、男性パートナーが電気刺激を受けるのを見ているだけの場合にも、同じ痛み回路が賦活することがわかりました（右図）。

他人が経験した痛みも、自分の痛みと同じように神経的に処理されるという結果です。後続研究から、「痛みの伝染」は仲間や好意のもてる相手に対して起こる一方、対人場面で不公正に振る舞う者、好感のもてない相手には起こりにくいことがわかっています。

さまざまな動物種で認められる情動伝染は進化的・神経的な共通基盤をもつと考えられますが、**伝染の起きる自然な境界・範囲は仲間や血縁者、つまり「内集団」**であるという知見は重要です。

30秒でわかる! ポイント

情動的共感

カップルが受ける痛み刺激

まずはカップルの女性のみに痛み刺激を与え、そのときの脳活動を計測する。

続いて男性に痛み刺激を与える様子を女性に見せ、そのときの脳活動を計測する。

脳の「痛み回路」

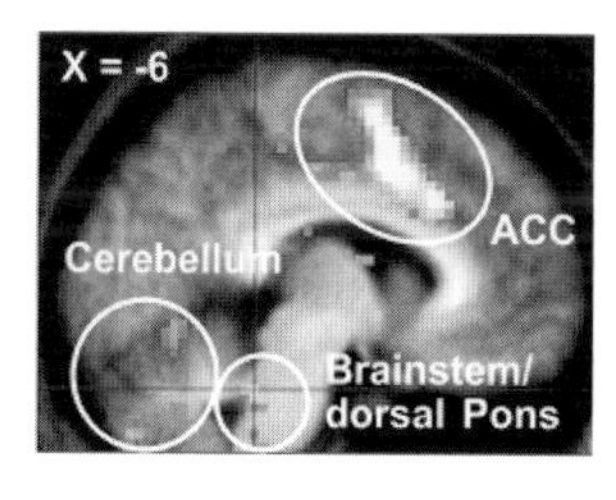

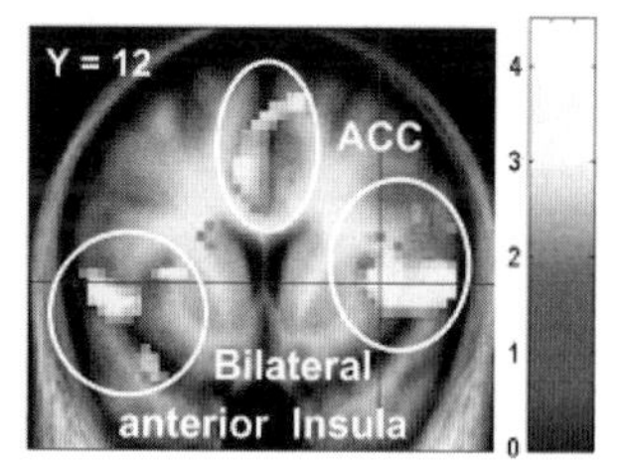

恋人が痛み刺激を与えられるのを見ると、自分が痛み刺激を受けたときと同じ「痛み回路」が賦活する。

ACC: 前帯状皮質、Anterior insula: 前島

出典 : Singer et al., 2004

10 hour Social Psychology 13

共感性

▶ 03　認知的共感

結婚詐欺師はクールに“共感”する

「完璧な結婚詐欺師」をイメージしてみましょう。心の動きにきめ細かく対応し、自分を第一に思ってくれる（ように見える）相手は魅力的です。その意図は思いやりではありませんが、相手の心的な状態を読み、気持ちに沿った“適切な”行動を（途中まで）取る点で、詐欺師はある種の共感能力に長けています。**情動的共感**（emotional empathy）が自他の壁をなくす**「自他融合的」なプロセス**を特徴とするのに対して、詐欺師の“共感”は、自他間に壁を設ける**「自他分離的」なプロセス**を前提としています。こうしたクールな共感は**認知的共感**（cognitive empathy）と呼ばれます。

心理学で誤信念課題（false belief task）と呼ばれるテストがあります。「サリーとアンが部屋で遊んでいます。サリーは遊んでいた人形を箱に入れて出て行きましたが、留守中に、アンが人形をベッドの下に移しました。戻ってきたサリーは、人形遊びを再開するためにどこを探すでしょうか」。大人にとって「箱の中」という答えは自明ですが、３歳くらいまでの子どもは「ベッドの下」と答えがちです。誤信念課題に正解するためには、事態の全貌を知っている自分（観察者）の認識とサリーの知識を切り離す必要があります。他者が自分と違う信念をもつ場合があることを理解し、異なる信念に基づく相手の行動を正しく予測するためには、生まれてから思春期にかけて発達の続く**大脳新皮質**の働きが必要です。この回路は、情動伝染を支える「痛み回路」と区別して、「**メンタライジング・ネットワーク**」（mentalizing network）と呼ばれます（右図）。

30秒でわかる！ ポイント

認知的共感

誤信念課題　～サリーはどこを探すか～

0～3歳	自分の認識とサリーの知識を切り離して考えられないため、ベッドの下と答える。
4歳以上	自分の認識とサリーの知識を切り離して考えられるため、箱の中と答える。

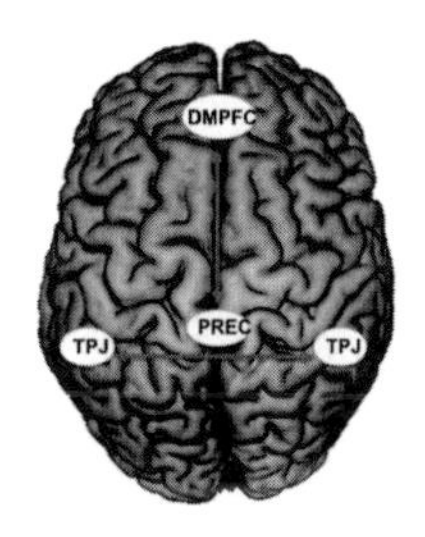

メンタライジング・ネットワークのイラストレーション（DMPFC: 前頭前皮質背内側部、TPJ: 側頭頭頂接合部、PREC: 楔前部）

10 hour Social Psychology 13

共感性

▶04 情動的共感の限界
—「痛み実験」再び

冷たく見える人ほど弱者を援助する

私のチームで他者の痛みへの共感を調べる生理実験を行いました（Kameda et al., 2012）。視力・聴力ともノーマルな参加者は、登場人物（女優）が強烈で不快な光刺激、音刺激を受けるビデオを見ました。参加者は、女優が「晴眼者」「全盲者」を演じる条件に割り振られました。参加者本人は晴眼者だったことを思い出してください。もし自己を相手に投影する「**自他融合**」的プロセスが起きるなら、相手が「全盲者」とされる条件でも、自分に不快な光・音刺激の両方で参加者はストレスを感じるはずです。一方、相手の立場に立つ「**自他分離**」が働くなら、「全盲者」条件では相手に不快な音刺激に限ってストレスが生じるはずです。

右図からわかるように、参加者は全盲者条件（黒のバー）で「自他分離的」な反応（相手に不快な音刺激に限ってストレス増加）を見せました。一見すると冷たく見えますが、意外にも自他分離的な参加者ほど**日常場面で他者援助を行う**ことがわかりました。自分には不快な光刺激への反応をうまくコントロールできる人ほど、適切な援助をするという知見です。クールな共感は、緊急時の対応を担う**プロフェッショナルが備えるべき条件**でしょう。

“健常者”は障害のある人に偏見をもちがちです。実験の結果は、「異質な相手」への利他性がウェットな**情動的共感**ではなく、相手の視点に立つ**認知的共感**に担われる可能性を示唆しています。シェリフの実験では相互協力の必要を認識したことが集団間葛藤を減らしました。そこでも「互いの視点を取ること」が鍵になったのです。

30秒でわかる! ポイント

A.「晴眼者」条件

映像の中の人物は晴眼者なので、強い光刺激、音刺激ともに不快である

B.「全盲者」条件

映像の中の人物は全盲者なので、強い音刺激のみ不快である

自他融合が働けば A・B のどちらでも強い光刺激、音刺激に対してストレスを感じるが、実験では自他分離が働き、B では強い音刺激のみに対してストレスを感じるという結果になった。情動的共感を示さない人(自他分離)は一見冷たいように見えるが、認知的共感を通じ相手の立場を踏まえることで、相手にとって適切な援助をすることができる。

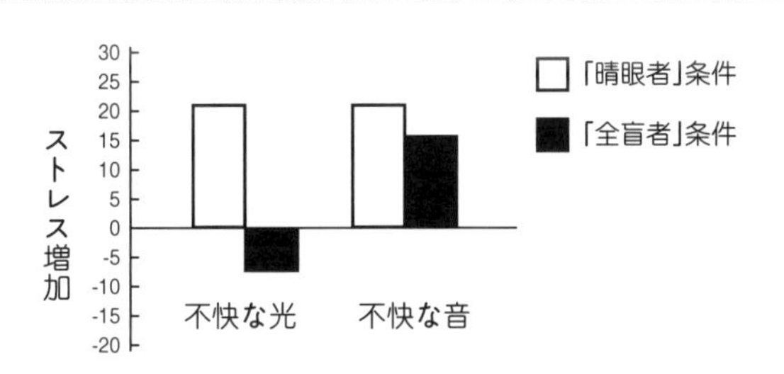

出典 : Kameda et al., 2012

column

利他心と共感疲れ

新型コロナウイルス（COVID-19）がようやく収まり社会が再び動き出す中、私たちは何か「疲れ」のようなものを感じています。2020年以来３年間の孤立した自粛生活からのさまざまな変化、具体的にはリモートワークからオフィスへの出勤、対面場面の増加など、人との接触機会の急激な復活は喜びであるとともに心の疲れも生むようです。加えて、ロシアのウクライナ侵略、国内外でのテロや地震・気候災害など、悲惨な映像やニュースを見るたびに、私たちの心は揺さぶられます。私たちは他者の心、とくに目に見える相手の心の動きと無縁でいることはなかなかできません。

第３部で論じた**情動的共感**についてもう一度考えてみましょう。情動的共感とは、相手の感じた痛みを自分の痛みと同じように感じるなど（脳活動のデータからも**実際に感じる**ことが示唆されました）、相手の感情に同期する反応でした。情動的共感は「困っている相手の気持ちに寄り添う」反応であり、相手への援助や利他行動につながります。また、オキシトシンと呼ばれるホルモンが情動的共感と関係し、相手（仲間）とのきずなづくりに役立っています。

いいこと尽くしのようにも見える情動的共感ですが、時に**「共感疲れ」**の原因にもなります。ふだんの経験からわかるように、「感情」とはとてもエネルギーを使う心の動きです。怒ること、喜ぶこと、悲しむこと、そのどれもが人生に深い彩りを与える一方、激しい情動を持続することはできません。感情は、**「今・ここ」の問題**を解くために必要となる、**瞬発的な心のシステム**です。

ここで、読者のみなさんが難しい手術を受けねばならないと考えてください。このとき、みなさんの不安や苦悩に、身体一動作や情動のレベルで敏感に共振する医師と、「不安を引き受けない」医師のどちらに執刀を依頼したいと思いますか？　心理学者のデイヴィスは、人間の共感性にいくつかの次元があると考え、それらを測定する心理尺度を開発しました（Davis, 1983）。その中の１つに**「個人的苦悩」**と呼ばれる次元があります。たとえば「緊急事態で、援助を必要とする人を見ると取り乱してしまう」「感情が高ぶると、無力感に襲われる」などの質問で測定されます。

実験から、これらの質問にイエスと答える人ほど、他者の緊急場面を見ると自分も一緒に苦しくなり、かえってその場から身を引いてしまう傾向があることがわかっています。教育学の研究からも、子どもが悩んでいるときに苦悩をそのまま引き受けてしまう親ほど、適切な援助やアドバイスができない可能性が指摘されています。相手と一緒に共振する情動的共感はやさしい反面、**情動に圧倒され疲れてしまう危険**も含んでいます。

また情動的共感は、母子をはじめとする血縁の相手、友人、同じグループの仲間（内集団）に対して起きやすく、自他融合的な反応を引き出します。このように考えると、自他を一緒にせず相手の視点に立つ**認知的共感**は一見クールに見えますが、外国の戦争被害や災害など外集団への援助場面だけではなく、内集団に対しても、瞬発で終わらない**「持続可能な利他性」**を支える鍵になりそうです。

第4部

集団として振る舞う

第4部のねらい

　第3部では集団における協力―非協力を検討しました。ひと口にグループと言っても、メンバー間には対立や葛藤の可能性があり、グループは常に一枚岩の存在ではないという論点でした。たとえば社会的ジレンマでは、協力―非協力の意思決定を行うのが一人ひとりのメンバーである以上、グループ全体としてのまとまりは必ずしも保証されません。こうした考え方は、社会を見るときに、「集団錯誤」（第1部参照）という論理的誤りに陥らないために留意しなければならない重要なポイントです。

　その一方、社会ではグループを単位としてまとまって行動しようとすることが頻繁に見られます。シェリフらの実験では、他のグループとの利害対立場面に置かれると、人々の「われわれ意識」は急速に高まり、集団内でのまとまりや社会規範が強まる結果、社会的ジレンマの問題が一時的に棚上げされる可能性が示されました。

グループとして統一行動をとる行為は、メンバーが互いの共通運命に積極的に関与していく「集団を単位とする適応行動」です。第4部では、集団としての協調（coordination）行為の特徴を道具的適応の観点から検討します。

10 hour Social Psychology 14

グループの問題解決

▶ 01　グループの問題解決

緊急事態にはメンバー間で相互調整

人類学者のボームは、パプア・ニューギニアのマエ＝エンガ族の民族誌を紹介しています（Boehm, 1996）。対立部族との深刻な利害葛藤に置かれた人々は、相手を襲撃するか否か、どの程度の襲撃にするかなど、**共通運命に関わる重要な決定**を議論します。マエ＝エンガ族には**"ビッグマン"**（勢力者）が存在しますが、集会での役割は議長の立場に止まり、基本的には大勢の意見に従います。

ビッグマンの集会運営のやり方は、現代社会の会議に似ています。重要なのは、緊急事態に直面した人々はばらばらに行動することをやめ、全体の方向性を一緒に模索する点です。個別に行動する限り社会的ジレンマの問題が解決できないのは第３部で見たとおりです。政治学者のオストロム（2009年ノーベル経済学賞）は、ジレンマを解決する上で**相互調整**（coordination）のしくみを皆で自発的に作り出すことがいかに大切か、農村や漁村を含む共同体の成功例・失敗例を引きながら論じています（Ostrom, 1990）。

相互調整を通じて、メンバーの運命（適応度）には共通性が生じます。各メンバーの適応度には、グループの決定にどこまで忠実か（積極的に襲撃に加わるかどうか）によってばらつきが生じるにせよ、グループレベルの共通結果（部族抗争に勝てるか否か）に全員が大きく影響されます。つまり各個人の適応度には、**①個人レベルの行動の得失**、**②全員に共通のグループレベルでの結果**という２つの要素が加算的に影響します。災害・紛争などの緊急時には２番目の要素が増大するので、メンバー間での相互調整が模索されます。

30秒でわかる！ ポイント

ビッグマンの集会運営のやり方

平時

ビッグマン＝勢力者

Big man

有事（部族抗争、災害時など）

ビッグマン＝
多数決に任せ、議長に徹する

襲撃するぞ！

目的：敵に勝つ
襲撃賛成　6名
襲撃反対　4名

Big man

①個人レベルの行動の得失　＜　②部族抗争に勝つ

↓

この場合は①よりも②を優先して
目的を遂げることが優先される

10 hour Social Psychology 14

グループの問題解決

▶02 三人寄れば文殊の知恵？

単純なクイズでは グループの 正解率は高い

民族誌でも観察されたグループによる決定には、「集団は個人に比べ過ちを犯しにくい」という素朴な信念が存在します。**「三人寄れば文殊の知恵」**、“Two heads are better than one”などのことわざは、この信念が洋の東西を問わず普遍的なことを意味します。

グループの効率性は、社会心理学でも古典的なテーマです。たとえば、ショウは実験を用いて、単純な論理クイズを１人で解くときと４人グループで解くときの効率を比較し、時間は長くかかるものの、グループの正解率は個人よりも高く、この結果はメンバー間での解答のクロスチェックから生まれることを報告しています(Shaw, 1932)。

単純な論理クイズを用いた**個人とグループの問題解決実験**は、1940年代から1950年代にかけて数多く行われました。一貫して「グループは個人に比べ優れた成績を上げる」という知見が得られ、このことは文殊の知恵説の１つの側面を支持しています。しかし、**延べ人数**や**延べ時間**を考えると、多くのマンパワーが必要なグループの遂行が本当に効率的と言えるのか、議論の余地があります。

さらに、文殊の知恵説のもう１つの重要な側面を考えてみましょう。この説には、単にグループが個人よりも優れた遂行を収めるだけではなく、「文殊菩薩の知恵」のように誰も思いつかない**新たな知恵**が生まれるはずだというグループの創造性という論点が含まれています。各メンバーの知的資源の総和を上回る成果が、相互作用を通じグループレベルで**創発**（emerge）するという期待です。

30秒でわかる! ポイント

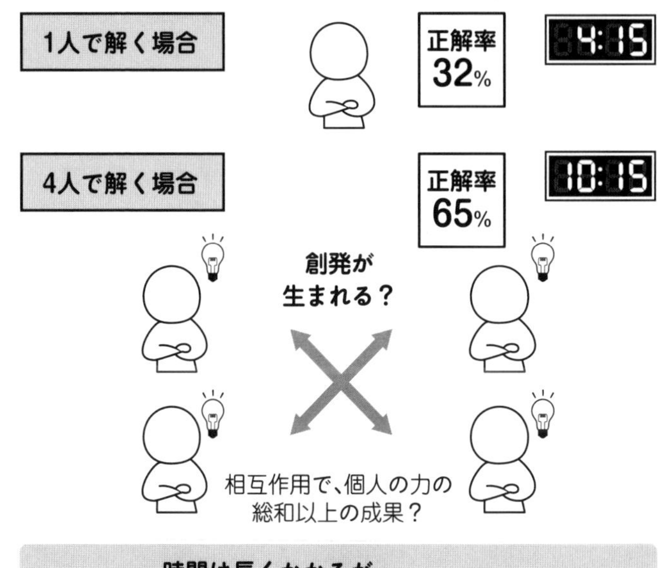

→ 時間は長くかかるが、
グループの正解率は個人よりも高い

[論理クイズの例]

正直者、嘘つき、状況主義者の 3 人がいます。正直者は常に真実を話し、嘘つきは常に嘘をつき、状況主義者は嘘も真実も話します。以下の発言から、A、B、Cの3人がどのタイプか当ててください。

A「C は嘘つきだ」
B「A は正直者だ」
C「自分 C は状況主義者だ」

正解：A が正直者、B が状況主義者、C が嘘つき

▶03 ベンチマーク・モデル

文殊の知恵は生まれるのか?

この期待が実現されるのかどうか、**比較基準**(ベンチマーク)として単純なモデルを考えましょう(Lorge & Solomon, 1955)。

このモデルは、相互作用における「文殊の知恵」やシナジーを仮定せず、個人がばらばらに提出した解答を集団が単に**機械的に採用**するだけという**最低限の想定**をします。具体的には「メンバーの少なくとも1人が個人として問題に正解するなら、グループはその解答を採用して正解に至る。一方、正解を出す個人が1人もいない場合、創発は起きずグループは問題を解けないまま終わる」というモデルです。協調的に課題を遂行すると言っても、メンバーはお互いの影響を一切受けず、それぞれの個人が独立に答えた中に正解が1つでもあればグループはその解答を採用する、しかし、個人に正解が出ない場合にはグループは問題を解けないというプロセスです。このとき、メンバーが独立に問題を解ける平均確率を p とすると、n 人からなるグループが正解に到達できる確率 P は、

$$P = 1 - (1 - p)^n$$

になります。$(1 - p)^n$ は n 人全員がそろって解けない確率です。その場合を除きグループは正解できるので上の式が得られます。

このモデルは、**創発性を全く仮定していません**。互いに知恵を高め合うのではなく、グループの役割は個人がばらばらに提出した解答の中で最良の解答を機械的に採用するだけです。したがって、文殊の知恵説が正しければ(知恵が創発するならば)、**グループによる実際の正解率はベンチマークを上回るはず**です。

30秒でわかる！ ポイント

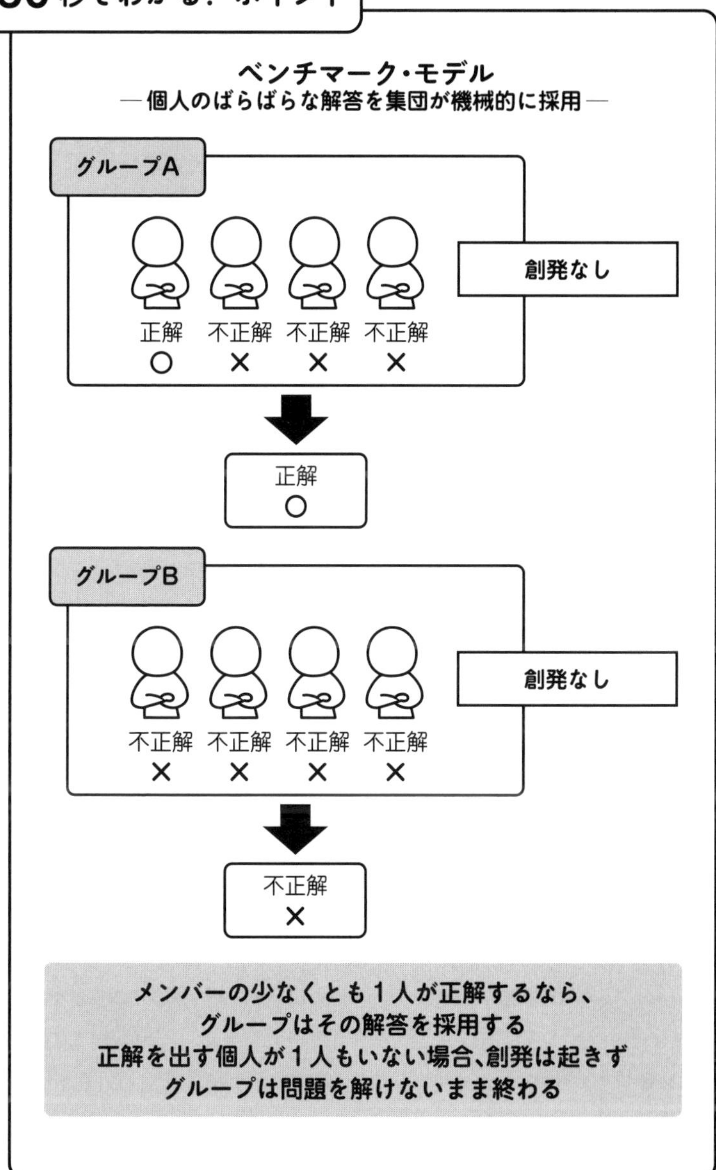

10 hour Social Psychology 14

グループの問題解決

▶04　期待と実際との落差①

グループでは個人の資質が生かされない

ベンチマークに基づいて、さまざまなグループの問題解決実験の結果を改めて評価するとどのような結論が得られるでしょうか。ショウの実験では、個人条件と４人で解く集団条件の２つがあったことを思い出してください。このとき、独立に解く個人条件の正解率をモデル式の p に投入すれば、**「創発がないグループ」における正解率の予測値**（ベンチマーク）P が計算できます。ベンチマークと集団条件で実際に観察された正解率を比較するわけです。

比較の結果は一貫して「文殊の知恵」説を裏切るものでした。グループの遂行は、ベンチマークを上回りません。さらに驚くべきことに、多くの場合にグループの遂行はそれを**下回った**のです。

この結果は次のようにまとめられます。少なくとも単純な問題解決の場面では「三人寄れば文殊の知恵」的なシナジーは起こりにくい。個人では見られない新しい知恵がグループレベルで創発することは稀である。グループの遂行は**平均的なメンバー**より優れている（個人成績より平均的に優れている）ものの、多くの場合に**最良メンバー（1人で正解できるメンバー）**の水準には到達しない。

この事実はさまざまな集団実験で確かめられています。論理問題を使った実験で文殊の知恵が実現されないのは一例にすぎません。スタイナーは、グループの遂行が期待される水準を下回ることを、**プロセスの損失**（process loss）と名づけています（Steiner, 1972）。相互作用プロセスでは、メンバーが本来備えているさまざまな資質が十分に生かされず損失が生じるという指摘です。

30秒でわかる！ ポイント

グループの遂行は、
ベンチマークを上回るどころか下回る！

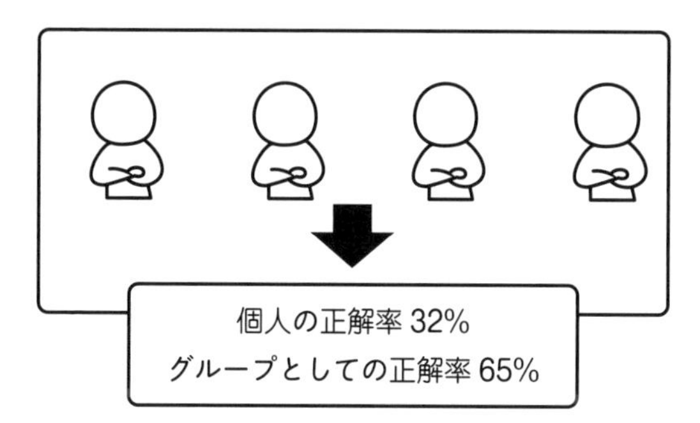

個人の正解率 32%
グループとしての正解率 65%

ベンチマーク・モデルでは
正解率79%になるはず

$$1-(1-0.32)^4=0.79$$

グループの遂行は平均的なメンバーより優れているが
一番優れたメンバーの水準には達しない

プロセスの損失
相互作用プロセスでは、メンバーが本来備えている
さまざまな資質が十分に生かされない

▶05 期待と実際との落差②

文殊の知恵は生まれにくい

右ページに、数学のクイズ（大学入学共通テストのような問題）を用いた、**グループの問題解決**実験の代表的結果を示しました。表の見方を説明します。

実験は、まず５人のメンバーが１人ずつ個人で問題を検討し、次に全員で話し合ってグループとしての解答を出すという手続きで進みます。このとき、話し合い前の個人検討段階で、５人のうち何人のメンバーが独立に正解に達していたかにより、グループの初期パターンに６通りの場合分けが考えられます。たとえば（1, 4）のパターンは、個人で正解に達したメンバーが１人、達せなかったメンバーが４人の場合です。表は、（0, 5）から（5, 0）まで６通りあり得る初期パターンのそれぞれで、話し合いによりどのくらいの比率でグループが正解を出せたかを示しています。

文殊の知恵説は、個人では考えつかなかった正解が話し合いにより創発することを意味するので、（0, 5）の初期パターンでも、少なからぬ正解率が見られるはずです。しかし実験でこの初期パターンに合致していた12のグループのうち**正解を出せたのは１グループだけ**（比率にしてわずかに0.08）でした。また先のベンチマーク・モデルに従えば、１人でも正解に達したメンバーがいれば、グループは確実に正解を出せるはずです。ですが、初期正解者１人、不正解者４人という（1, 4）のグループの正解率は0.73で、ベンチマークに及びません。スタイナーの言葉を使えば、グループの相互作用で**プロセスの損失**が起きていたわけです。

30秒でわかる! ポイント

グループの問題解決における代表的な社会過程

数学のクイズを用いた、グループの問題解決実験の代表的結果

グループの初期パターン(正解者数、不正解者数)	グループの解答		観察頻度
	正解(率)	不正解(率)	
(5,0)	1.00	0.00	8
(4,1)	1.00	0.00	14
(3,2)	0.96	0.04	26
(2,3)	0.92	0.08	37
(1,4)	0.73	0.27	33
(0,5)	0.08	0.92	12

注：(　)内の数字は、話し合いの前の検討段階で、
個人的に正解、不正解だったメンバーの数を示す。
5人グループでの議論。

出典：Stasson et al., 1991

12の(0,5)のグループのうち
正解を出せたのは1グループだけ(8%)

グループの相互作用で
プロセスの損失が起きていた!

14 グループの問題解決

▶06 プロセスの損失はなぜ起きるか

やる気とタイミングが大事

プロセスの損失が起きる理由として、スタイナーは２種類をあげています。

第１は、**メンバーのやる気（動機づけ）**に関わる側面です。共同作業ではメンバーの遂行がグループ全体でまとめられる結果、各人の努力量や貢献度にはあいまいさが存在します。どこまでが「自分の貢献」なのかはっきりしない場合、他の人の努力にただ乗りする誘因が生じます（Latané, Williams & Harkins, 1979）。グループ全体にとっては全員が努力した方が望ましいのですが、個人的には手抜きした方が得という**社会的ジレンマ**の構造が存在します。

もう１つの原因として、**行為の相互調整**（coordination）に関わる問題があります。問題解決から離れますが、綱引きの例を考えてみましょう。１人の平均的な牽引力が30キログラム重だとすると、５人のメンバーで発揮する力は150キログラム重になるでしょうか。手抜きするメンバーがいなくても、グループは150キログラム重の力をなかなか発揮できません。綱を引くタイミングや方向がメンバー間でうまく調整できないため、「グループ全体の力＝個人の力の総和」というプロセスが実現されません。

問題解決でも、**発言タイミング**をどう調整するかにより遂行効率は影響を受けます。１時点の話者は１人に限られるので、集団問題解決では良いアイデアを得たメンバーが最適のタイミングで話せないなどの問題が生じ得ます。話し合いの時間をメンバー間で適切に割り振ることに失敗すれば、グループの遂行に非効率が生まれます。

30秒でわかる! ポイント

プロセスの2大損失理由

①メンバーのやる気(動機づけ)

どこまでが「自分の貢献」なのかはっきりしない場合、他の人の努力にただ乗りする誘因が生じる

②行為の相互調整(coordination)

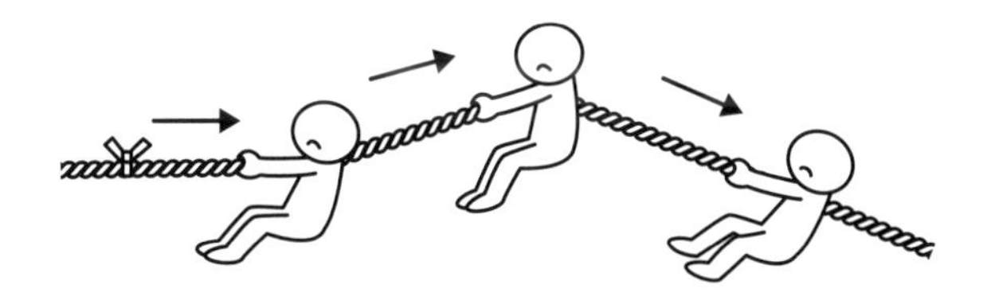

綱を引くタイミングや方向がメンバー間でうまく調整できないため、「グループ全体の力=個人の力の総和」というプロセスが実現されない

▶ 07 グループの非効率をどう考えるか

1人に頼りすぎると危険

グループの非効率をどう評価するべきでしょうか。認知人類学者のハッチンズによる大型船航行チームへの参与観察は参考になります（Hutchins, 1990）。航行チームには方位測定係、測時記録係などの分業が存在します。チームでの「完全な分業」とは、各メンバーが責任領域に全エネルギーを注ぎ、効率最大化を図る体制です。

この体制は複雑な課題を高速に処理する上で有効ですが、**1人のミスでシステム全体が停止する危険**も併せもっています。ハッチンズが観察したのは、メンバーが職務範囲にない他人の領域に介入することでチームの機能停止を未然に防いでいるという事実でした。そこで機能しているのはバックアップを含んだ**緩やかな分業**です。

ハッチンズの観察は、「グループの問題解決は個人遂行を平均的に上回るが最良メンバーには及ばない」という知見と共通します。p165の表を見ると、グループの問題解決は、有能な個人の裁量にただちに従うのではなく、「２人以上の正解者がいる場合にその解を採用するプロセス」に近いことがわかります。初期パターンが（1, 4）のグループの正解率は0.73ですが、２人以上の初期正解者がいる（2, 3）、（3, 2）、（4, 1）、（5, 0）での正解率は１に近づいています。

２人以上の合意（**クロスチェック**）を必要とする過程はチームがすばやく効率的に機能することを犠牲にする一方で、大きなエラーを防ぐ安全装置として作用します。最大の脅威が致命的エラーを犯すことだとすれば、１人に集団が依存しすぎないプロセスには、**エラー耐性と全体効率のバランスを保つ**側面があるのかもしれません。

30秒でわかる! ポイント

大型船航行チームへの参与観察

メンバーは他人の職務領域に介入し、
チームの機能停止を未然に防いでいる

**1人が2つ以上の領域に関わることで、
バックアップを取り、1人のミスでの機能停止を防ぐ**

※絵はイメージ、実際の船員の役割分担ではない

10 hour Social Psychology 15

グループの意思決定

▶01　多数決原理の普遍性

陪審は多数派がリードする

前章では、数学の設問のように正解を客観的・明確に定義できる問題解決場面を取り上げました。この章では、解答の正しさ・良さを不確実にしか評価できない意思決定場面を取り上げます。

グループの意思決定に関する研究には相当量の蓄積がありますが、代表的な例として陪審（jury）による意思決定を紹介します。陪審制とは市民が公判に参加し被告の有罪・無罪を判断するしくみです（日本では裁判官と参審員が協働する参審制が行われています）。公判での証拠に基づき有罪・無罪を審議する状況設定は、**模擬陪審実験**としてグループの意思決定を研究する格好の題材です。

模擬陪審実験で観察される社会過程の例を右の表に示しました。見方はp165の表と同じです。２つの表を比べると、大きな違いがあることがわかります。前の表では初期正解者が少数派、たとえば（1, 4）、（2, 3）の場合でも、グループを正解に導く傾向がありました。しかし、少数者の影響過程は右の表では見られず、グループは多数派の支持する方向に決定しています。**多数派がリードする社会過程**は、陪審に限らず**不確実性**の高い意思決定で広く観察されます（Hastie & Kameda, 2005; Kameda et al., 2011）。このパターンは、第２部で見た社会的インパクト理論（Latané & Wolf, 1981）とも共通し、相互作用における多数派の優位を示しています。

それでは、多数派がリードする意見集約がグループの意思決定で起きやすい事実はどのような社会的帰結をもたらすでしょうか。多数派優位の過程は、**２つの重要なマクロ現象**を生み出します。

30秒でわかる! ポイント

模擬陪審実験で観察される社会過程の例

グループの初期パターン(有罪、無罪)	グループの決定(評決)			観察頻度
	有罪	無罪	未決	
(6,0)	-	-	-	0
(5,1)	1.00	0.00	0.00	3
(4,2)	0.63	0.13	0.25	8
(3,3)	0.20	0.60	0.20	5
(2,4)	0.00	1.00	0.00	11
(1,5)	0.00	1.00	0.00	10
(0,6)	0.00	1.00	0.00	3

注1：(　)内の数字は、話し合いの前の検討段階で、被告を有罪、無罪と個人的に考えていたメンバーの数を示す。
6人グループでの議論。

注2：未決とはメンバーの意見がまとまらず、グループの決定が下せなかった場合を指す。

出典：Kameda, 1991

10 hour Social Psychology 15

グループの意思決定

▶02 集団極化現象①

小選挙区制は大勝利・大敗北を引き起こす

話し合いではありませんが、集団意思決定の例として選挙を考えてみましょう。1994年にイギリスで行われた欧州議会議員選挙では、労働党、保守党、自民党の得票率はそれぞれ44%、28%、17%でしたが、議席獲得率は70%、20%、２%でした。個人レベルの支持（得票率）で優勢だった労働党が、議席レベルで歴史的大勝利を得たわけです。そこで使われた選挙制度は**小選挙区制**でした。

全国を小選挙区に分割し１人の代表者を選出するシステムは、小選挙区を１つのグループ、政党を選択肢と考えると、グループの意思決定の壮大な反復と見ることができます。各選挙区が１つのグループに当たります。こうした場面で「**最多得票者**」を各グループが選ぶことは、個人レベルの意見分布（◯◯党の得票率）に比べ、グループの決定の分布（◯◯党の議席獲得率）が極端になる結果をもたらします。個人レベルで優勢だった（多数派の）傾向がグループレベルで優勢になる一方、劣勢だった傾向はグループの決定でいっそう劣勢になるわけです。労働党の**「地滑り的大勝利」**（得票率44%→議席獲得率70%）はこのようにもたらされました。

この例は投票による集団意思決定でしたが、多数派がリードする社会過程は、話し合いでも全く同様に、**個人レベルでの選好（preference）の偏り・バイアスを増幅**します。たとえば、組織が事業指針について意思決定する場面を考えます。選択肢には、リスクの点で高・中・低の３つがあり、組織構成員の意見を広く募るために、ランダムに選ばれた代表委員が議論するとしましょう。

30秒でわかる! ポイント

小選挙区制の例

→選挙の得票数をどのように議席配分するか

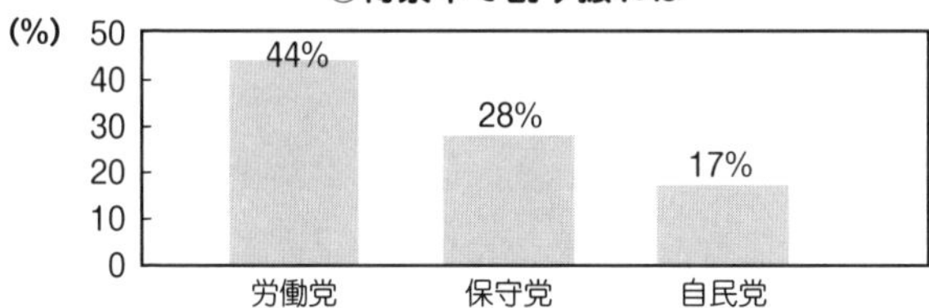

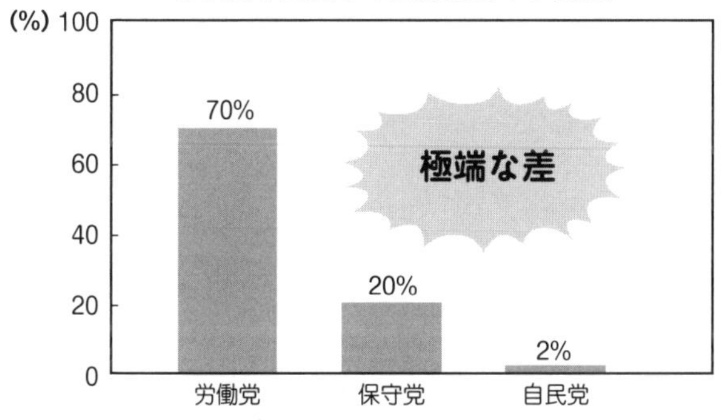

「最多得票者」を各グループが選ぶと、
個人レベルの意見分布(○○党の得票率)に比べ、
グループの決定の分布(○○党の議席獲得率)が
極端になる

10 hour Social Psychology 15

グループの意思決定

▶03 集団極化現象②

大人数ほど優勢な意見がより優勢になる

　このとき**多数派がリード**して委員会の議論が進むとします。右ページに、委員会の判断がどのようになるか、**理論的な分布**を示しました。図はそれぞれ、高リスク、低リスクの選択肢が個人（組織構成員）のレベルでもっとも支持されている場合を示しています。

　図から委員会のレベルでは、個人レベルで優勢だった傾向がより優勢になり、劣勢な傾向はさらに劣勢になることがわかります。たとえば、上の図では60％の個人に支持されていた高リスクの選択肢が、５人委員会では68％、９人委員会では73％の確率で採択されます。一方、10％の個人しか支持していない低リスクの選択肢が採択される確率は、５人委員会で0.8％、９人委員会で0.08％と極端に縮小されます。

　こうした特徴はリスクの意思決定だけではなく、**社会的決定一般**に当てはまります。５人委員会、９人委員会の比較からわかるように、**代表委員会が大人数になるにつれて、決定の偏り・バイアスがいっそう大きくなる**点にも留意してください。

　個人選好で優勢な傾向がグループ決定でより優勢になる現象は、**集団極化**（group polarization）と呼ばれます。集団極化は、リスクに関する意思決定で発見されました（Stoner, 1961）。話し合いでは社会規範（たとえばリスクを取るべきという空気）の方向に人々が意見を変えるために集団極化が起きるという説明がよく行われますが、投票のように、個人が初期意見を変えずに発言する場合でも、**多数決的な集約**がなされる限り集団極化は生じます。

30秒でわかる! ポイント

多数派過程と集団の極化傾向

代表委員会が大人数になるにつれ、決定の偏り・バイアスがいっそう大きくなる

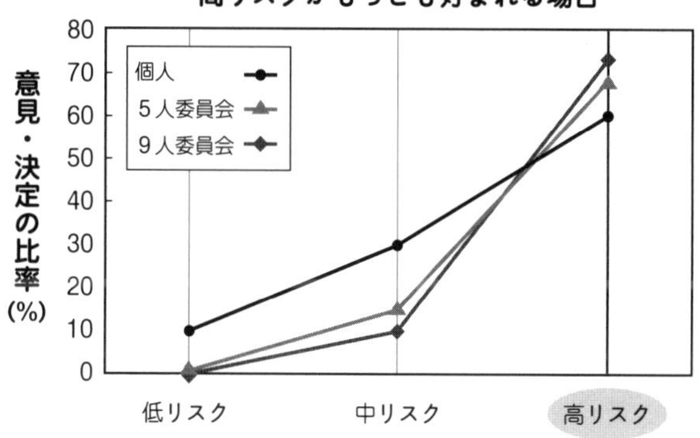

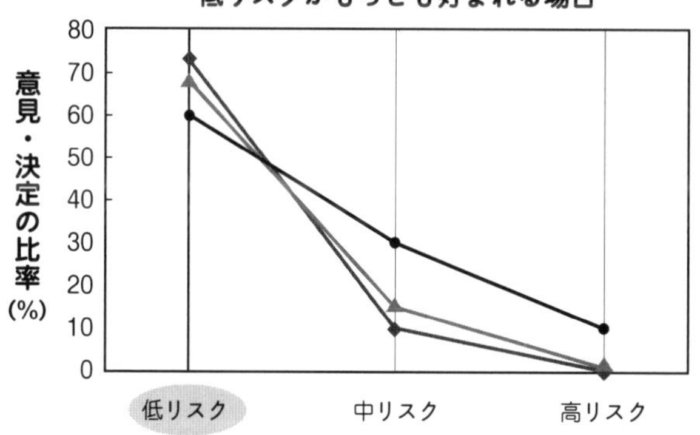

集団極化: 個人選好で優勢な傾向がグループ決定でより優勢になる現象

10 hour Social Psychology 15

グループの意思決定

▶04 集団決定は操作できる

循環的多数派がいる場合の意思決定

多数派過程が働くことのもう1つの帰結は、**決定の操作可能性**です。ある市議会で政党X、Y、Zが3分の1ずつ議席をもつとしましょう。議会では再開発をめぐる票決が行われますが、各党のメンバーの選好は右の表のとおりです。X党に属する議長は「**勝ち抜き方式**」により議事を進め、まずy案とz案の間で投票を行い、その勝者と残るx案の間で最終投票を行います。表からわかるように、1回目投票ではy案が勝者となり、2回目の投票（x案 vs y案）ではx案が過半数の支持により採択されます。「民主的プロセス」を経た動かしがたい結論のように見えますが、ここで、議長が政党Yに属していたらどうでしょうか。このとき議長はまずx案とz案を戦わせ、その勝者とy案の決戦投票を行う手続きを用います。どういう議決になるか、表で確かめてみてください。

表を見ると、x案はy案よりも、y案はz案よりも、それぞれ過半数に好まれています。では、過半数がx＞y、y＞zという選好をもつのだから、グループの決定としてx＞zが成立するでしょうか。表から、過半数のメンバーは反対のz＞xという選好をもっています。つまり多数派の選好がx＞y、y＞z、z＞xと、じゃんけんのように循環しています（それぞれについて、異なる政党の組み合わせが多数派を形成します）。こうした**循環的多数派**（cyclical majority）が存在するとき、グループの決定はどの順序で投票が行われるかに依存し、特定の個人の望む方向に**戦略的に誘導・操作することが可能**です。

30秒でわかる！ ポイント

各党のメンバーの選好(循環的多数派の例)

勝ち抜き方式で、x，y，zのいずれかの案を決める

第1回目投票(y案 vs z案)でyが勝ち、
第2回目投票(x案 vs y案)ではxが過半数で採択
→y>z、x>y ⇨ xに決定

政党	選好順序
X	x>y>z
Y	y>z>x
Z	z>x>y

x>y, y>z, z>x と、
じゃんけんのように
過半数の選好が循環

注：X、Y、Zが3分の1ずつ議席を持つ

グループの決定はどの順序で投票が行われるかによる

特定個人の望む方向に
誘導・操作することが可能

10 hour Social Psychology 16

グループの情報処理

▶01 話せばわかる？

なぜそう判断するのか

さて、これまでは、メンバーの判断や意見をグループでどのように集約するかを検討しました。「この問題の解答は～だ」「A案が良い」といったメンバーの**選好**（preference）を分析の単位としたときに、グループの問題解決や意思決定がどう特徴づけられるかを論じてきたわけです。こうした見方は、話し合いを**投票との類似**で捉える発想です。これまでの分析では、「正解者～人」「有罪支持者～人」といったメンバーの“頭数”だけを問題にしていますが、これは票数だけをカウントする投票と全く同じです。

しかしここで、グループを**情報処理の装置**と考えるとどうでしょうか。話し合いへのインプットになり得るのは人々の選好だけに止まりません。「なぜ～だと思うのか」「なぜA案が望ましいのか」など、判断の元になった情報や理由を、問題解決や意思決定のためのインプットに使うこともできます。実際、「話せばわかる」という言い方は、話し合いを通じて、メンバー間で**知識や情報の共有**が起こるはずだという私たちの信念を反映しています。

ステイサーは、以下の実験パラダイムを用いてこうした信念の妥当性を検討しています（Stasser, 1992）。

３人のメンバーX、Y、Zが選択肢A、Bの間で決定を行う場面を考えましょう。３人がもっている情報をグループ全体として総合すると、Aにプラスの情報が全部で７つ、Bにプラスの情報が４つあるとします。各情報が等しく重要と仮定すると、プラス情報の数が多い選択肢Aの方が相対的に優れていると言えます。

30秒でわかる！ ポイント

なぜそう判断するのか
—情報の共有

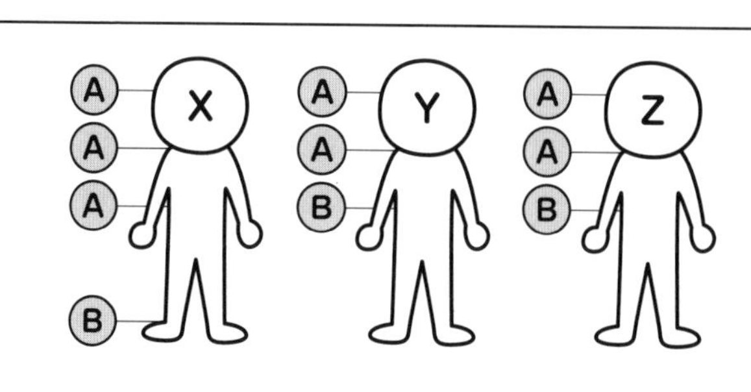

・3人のメンバーX、Y、Zが選択肢A、Bの間で決定を行う
・Aにプラスの情報7つ
・Bにプラスの情報4つ
・情報の価値は等価

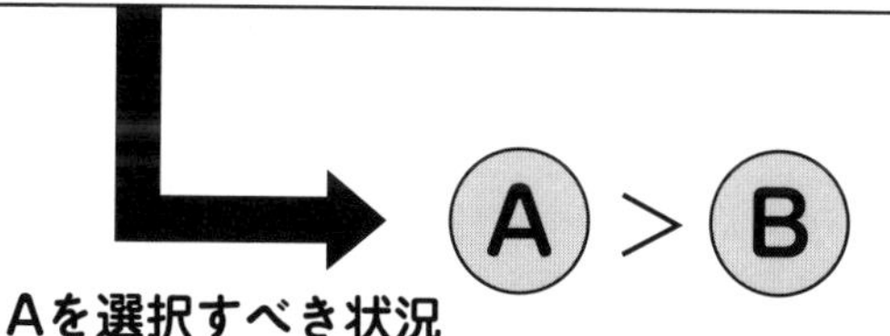

グループとして見たとき、Aにプラスの情報の数が多いのでAが相対的に優れた選択肢

10 hour Social Psychology 16

グループの情報処理

▶02 隠れたプロフィール

情報の偏りに優れた選択肢が埋もれている

ここでメンバーがはじめにどの情報を知っているか、２つのケースを考えます（右表）。ケース１では情報が完全共有されており、誰もが選択肢Ａを好みグループはＡに決定するはずです。一方ケース２では、選択肢Ｂに関する４つのプラス情報 b_1 〜 b_4 は共有されていますが、Ａについて共有されているプラス情報は a_1 だけでその他は分散しています。このとき各メンバーの選好がＢになりやすい（Ｂの方がプラス情報で優って見える）ことを考えると、情報が共有されない限り、グループはＢに決定することになります。

それでは、話し合いで情報が共有され、優れた選択肢Ａが発掘されるのでしょうか。ケース２のように優れた選択肢が情報の偏りのため埋もれていることを、ステイサーは、**隠れたプロフィール**（hidden profile）が存在する状況と呼んでいます。

ステイサーは、ベンチマークとして、**情報サンプリングモデル**（information sampling model）を考えました。メンバーが１つの情報を独力で思い出し、話し合いに投入する確率を p とします。記憶・再生が社会的影響を受けないと仮定するなら、ある情報が話し合いにもち込まれる確率 P は次のモデルで与えられます。

$$P = 1 - (1 - p)^n$$

n はその情報をはじめに知っているメンバーの数です。つまりある情報は、少なくとも１人が記憶から再生すれば、グループの話し合いに投入されるというモデルです（このモデルは、p160のグループの問題解決で説明したベンチマークと同じロジックです）。

30秒でわかる！ ポイント

情報の初期分布と隠れたプロフィール

情報が完全に共有されている

		集団メンバー		
		X	Y	Z
ケース1	Aにプラスの情報	$a_1,a_2,a_3,a_4,a_5,a_6,a_7$	$a_1,a_2,a_3,a_4,a_5,a_6,a_7$	$a_1,a_2,a_3,a_4,a_5,a_6,a_7$
ケース1	Bにプラスの情報	b_1,b_2,b_3,b_4	b_1,b_2,b_3,b_4	b_1,b_2,b_3,b_4
ケース2	Aにプラスの情報	a_1,a_2,a_3	a_1,a_4,a_5	a_1,a_6,a_7
ケース2	Bにプラスの情報	b_1,b_2,b_3,b_4	b_1,b_2,b_3,b_4	b_1,b_2,b_3,b_4

a_1とBについての情報のみ共有されていて、
それ以外の情報が分散

個人の知識状態

ケース1：A7つ、B4つ
ケース2：A3つ、B4つ

本当はAの方が優れた選択肢なのに、
情報共有できないと、ケース2ではBが選ばれる

10 hour Social Psychology 16

グループの情報処理

▶03 情報サンプリングモデルの予測

共有情報の方が議論されやすい

情報サンプリングモデルは話し合いを単純化したモデルですが、**発見の道具**として役立ちます。このモデルから３つの予測が導かれます（予測がどのように導かれるのか、右ページに例示しました）。

（1）皆が共有している情報は独自情報に比べて議論されやすい：有限の話し合いの時間が独自情報ではなく、既知の共有情報を再確認することに終わりがちになるという予測です。

（2）情報を共有しているメンバーが増えるほど、共有情報は議論されやすい：たとえば共有メンバーが３人から６人に増えると、共有情報と独自情報が集団で話し合われる格差は拡大します。

（3）共有情報と独自情報の格差は、努力することでかえって拡大する可能性がある：メンバーが情報を思い出そうと努力すると、共有情報の優位がさらに増す場合があるという逆説的な予測です。

ステイサーらは、集団実験で予測を確かめています。実験では、p181のケース２のような情報配置のもと、３人グループ、６人グループが議論しました。話し合いには２通りのやり方がありました。「**非構造的条件**」では何の指示も与えられない一方、「**構造的条件**」では、情報を思い出して慎重に議論するようにと指示されました。

結果は予測どおりでした（右図）。共有情報の方が独自情報より議論され（予測１）、その格差は３人よりも６人グループで顕著です（予測２）。さらに共有情報と独自情報の格差は、情報を思い出すように教示された「構造的条件」で拡大しました（予測３）。

30秒でわかる！ ポイント

グループの話し合いでは共有情報が優位！

a. 非構造的条件

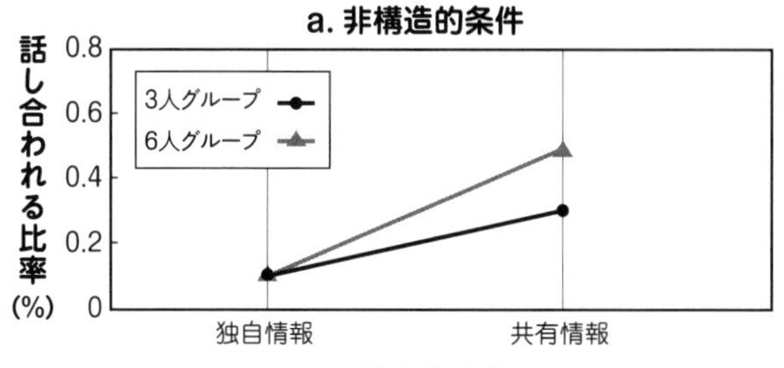

b. 構造的条件

話し合われる比率(%)
0.8
0.6
0.4
0.2
0
3人グループ
6人グループ
独自情報
共有情報

出典：Stesser et al., 1989

予測1

たとえば、メンバーが情報を思い出す確率を0.2とすると、共有情報が話し合われる確率は0.488［＝1－(1－0.2)^3］。この確率は独自情報が議論される確率0.2を大きく上回る。

予測2

共有メンバーが6人のとき、共有情報が話し合われる確率は0.738［＝1－(1－0.2)^6］となり、3人の場合(0.488)に比べ、独自情報に対する優位がいっそう拡大する。

予測3

メンバーが情報を普通に思い出す確率を0.1とする。このとき、3人共有の情報が議論される確率［0.271 ＝ 1－(1－0.1)^3］と、独自情報が議論される確率(0.1)の格差は0.171。メンバーが努力した結果、情報を思い出す確率が0.3に上がったとしよう。このとき、共有情報 ［0.657 ＝ 1－(1－0.3)^3］、独自情報 (0.3) が議論される確率の格差は、むしろ拡大(=0.357)する。

▶04 隠れたプロフィール問題と適応

それでも共有情報が信頼できる理由

実験の結果は「話せばわかる」という信念を揺さぶります。しかしこの知見は集団を単位とする適応にとって深刻でしょうか。隠れたプロフィールの前提について慎重に考えてみましょう。共有情報の重視が深刻なエラーを生むのは、(a) 情報分布がケース２のように極端に歪んでおり、かつ (b) メンバーがその歪みに気づいていない場合です。問題は**２つの前提条件が同時に起きるか**です。

まず「歪みに気づいていない」という (b) の前提を考えます。航行チームのように**分業**を行うメンバーは互いの専門が何かを知っています。「誰が何を知っていそうか」に関する知識を**メタ知識**と呼びますが（Wegner, 1987)、分業するメンバーは専門に関連した「隠れた情報」の可能性に気づいており、(b) は成立しません。

では分業がなく、**全員が等しく独立に情報収集する場合**を考えます。このとき (a) の「情報の歪み」は実際に生じるでしょうか。「火山活動を測定するセンサー群」をイメージしてください。測定結果についてセンサー間で極端な偏りが生まれる可能性は小さいはずです。さらにノイズを考えると、センサーが独自に検知した情報（野ネズミが側を走った振動？）は、複数センサーが一致して検知した情報より**統計的信頼性**が低いはずです。この意味で、共有情報の重視は、情報が大きく偏る例外的ケースではエラーを生むものの、**全体的には高い適応価をもつ情報処理**です（Hastie & Kameda, 2005)。隠れたプロフィール実験は、モデルの発見的役割を示した見事な研究ですが、その含意について一定の留意が必要です。

30秒でわかる！ ポイント

火山活動を測定するセンサー群

**火山活動を測定するセンサー群の働きは
メンバー全員が独立して情報収集するのと同じ**

○ネズミが走ったとき

ネズミのそばのセンサーのみが反応
→火山は不活性

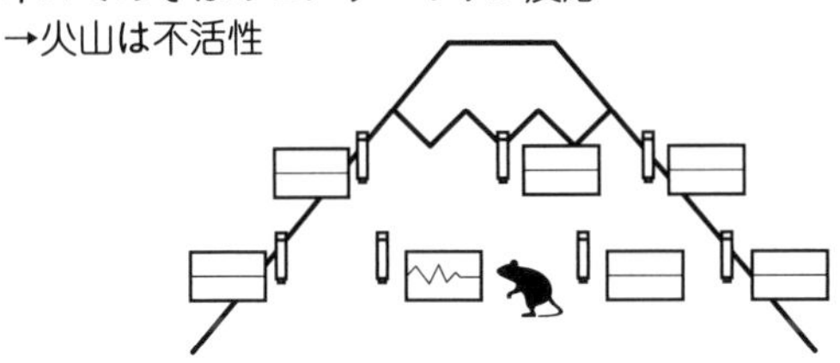

ネズミ１匹が走ったときの波動は
複数センサーが一致して検知した情報より
統計的信頼性が低い

○火山活動のとき

すべてのセンサーが反応
→火山活動が活発化

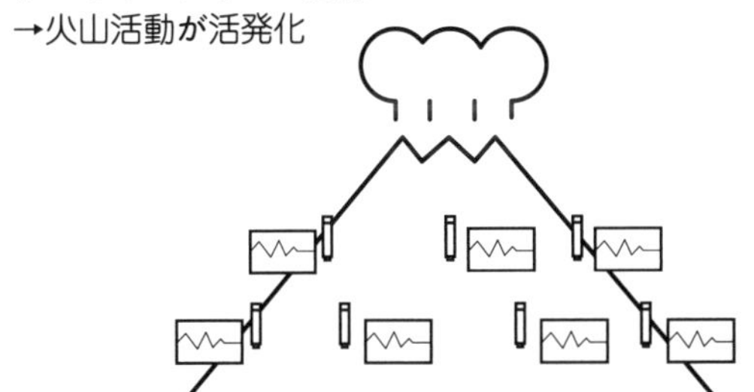

独立のセンサーだからこそ、
一致して検出された「異常」は本当の火山活動を反映
共有情報の重視は、全体的には高い適応価をもつ情報処理プロセス

10 hour Social Psychology 16

グループの情報処理

▶ 05　群衆の知恵

「集合知」「集合愚」はコインの裏表

火山センサーの例では、センサー同士が影響し合わず「互いに独立」に測定していることが全体のパフォーマンスにとって鍵を握ります。独立のセンサーだからこそ、一致して検出された「異常」は本当の火山活動を意味する可能性が高くなります。

遺伝学者のゴルトンは、「雄牛の体重当てコンテスト」で素人たちが相談せず**独立に**出した予測の平均値が、どの専門家の単独予測よりも正解に近いことを示しました（Galton, 1907）。この現象は統計の**「大数の法則」**により生まれます（独立の観測を多く集めれば、過大評価と過小評価が打ち消し合い、平均値は真値に近くなる）。人々の独立の判断を集計してうまくいく例は、**群衆の知恵**（wisdom of crowds）として有名です（Surowiecki, 2004）。

しかし実際の集団場面では、人々は相互作用を通じて影響し合い、判断の独立性は満たされません。p188のコラムに示すように、人々が自分自身の目（独立したデータ）よりも「多数の人々が表明した意見」に従う状況では影響が連鎖し、エラーが生じると雪だるま式に歯止めがかかりません。重要なのは、インターネット社会で見られる「集合知」と「集合愚」は互いに無関係の存在ではなく、**人々が社会的影響に敏感であることが生み出す「コインの裏表」**である点です。人間の認知・社会学習のプロセスから集合知・集合愚の発生条件を厳密に探る研究は、現在、社会科学と情報科学をつなぐフロンティアになっています（Kameda, Toyokawa & Tindale, 2022）。

30秒でわかる！ ポイント

ガルトン「雄牛の体重当てコンテスト」

専門家（単独）と素人（単独）がそれぞれ体重を予測

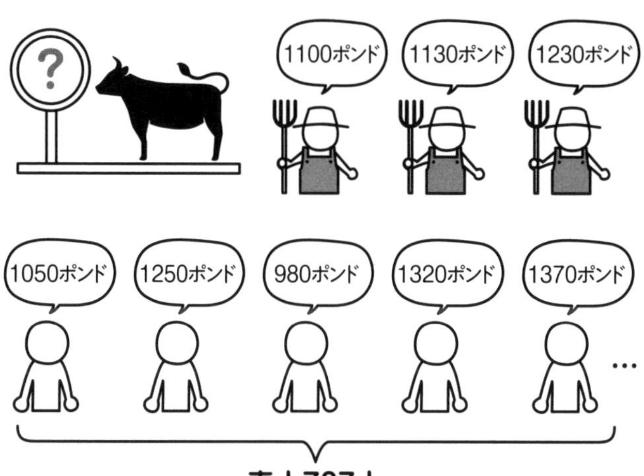

素人787人

平均値 1197ポンド

1198ポンド

↓

どの専門家の予想よりも、
素人が相談せずに出した
予測の平均値の方が正解に近い！

大数の法則（独立の観測を多く集めれば、
過大評価と過小評価が打ち消し合い、
平均値は真値に近くなるという法則）が効いている

column

ミツバチとヒト

近年の研究で「集団の意思決定」は人間に限られないことがわかっています。ここでは**ミツバチの群れ**（コロニー）の巣探し行動について紹介します。初夏になると、ミツバチのコロニーは分蜂と呼ばれる行動を見せることがあります。数が増えすぎて巣を離れた１万匹近いハチたちは、木の枝などに仮の宿（アゴヒゲ状のハチの塊）を作り、その中の数百匹が「探索委員会」として新たな巣を探しに飛び回ります。ハチたちは仮の宿への帰還後、自分が見つけた候補地について、「８の字ダンス」で他のハチに情報を伝達します（ミツバチが８の字のような“ダンス”をし、その方向と太陽が作る角度で蜜の場所や巣の候補地の方向を伝える話を聞いたことがあるかもしれません）。ダンスの長さと熱心さは、見つけた候補地をハチがどの程度良いと知覚したかを反映します。候補地の質が良いほど、ダンスは長く熱心になります（８の字ダンスは、人間社会の投票や意見表明に相当します）。まだ飛び立っていないハチはダンスによる“宣伝”を見て探索する方向を決めるので、熱心に宣伝される巣の候補地ほど、多くのハチたちが訪問しやすくなります。この「人気が人気を呼ぶ」プロセスは、第２部で見たように、人間と共通しています。

ここで、**人間**で見られる一時的な**流行現象**のことを考えてみましょう。評判に釣られ本当は優れていない商品が雪だるま式にヒットしてしまい、後で「あの流行はいったい何だったのか」と不思議に思うなどの社会現象です。しかし興味深いことに、こうした**エラーの集合的連鎖**（経済学で**「情報カスケード」**（information cascade）と呼ばれます）は、ミツバチの集団意思決定では起きず、ほぼ確実に優れた候補地が選ばれると言います。なぜでしょうか？

ポイントは**「評価の独立性」**にあるようです。ハチたちは“宣伝”に影響されて（＝同調して）候補地を訪れますが、その候補地がどれだけ良いかに関する評価は、自分の目だけを信じて行うそうです。こうした評価の独立性があれば、訪れた候補地の質が良くない場合には、帰還後にあまり熱心に宣伝されません。８の字ダンスはごく短いものになり、まだ飛び立っていないハチたちの目に入る機会も少なくなります。その結果、候補地についてたまたま生じたエラー（先に飛び立ったハチたちが偶然に良くない場所しか訪れなかった場合のエラー）が、群れ全体に次々に連鎖していくプロセスにストップがかかります。

一方、人間はどうでしょうか？　評判のレストランに出かけて「今ひとつ」と思っても、正直な評価を下し、かつそのように振る舞うでしょうか（一皿だけで席を立つとか？）。まわりの評価と自分の評価が食い違うとき、私たちは往々にして、**まわりの評価に合わせた行動や評価**をしがちです（まずいレストランでも席を立たず、「美味しかった」とお世辞さえ言ったりします）。評価の独立性が保てない場合には、エラーの連鎖にストップがかかりません。人間社会で「あの流行はいったい何だったのか」という集合現象（集合愚）が時に生じる所以です。

第5部

文化と社会行動

第5部のねらい

第5部では適応の視点を文化の問題に拡張します。人間にとっての最大の適応環境は他者の存在です。「他の人間とうまくやること」「そのための社会的なしくみを作ること」は集団を存在基盤とするヒトにとって生存を根本的に左右する要件です。

第3・4部では、こうした適応環境を小規模の集団に設定しました。「群れ生活と脳の進化」の話を思い出してください。ヒトの大脳新皮質の大きさから、ヒトにとっての本来の社会集団の大きさは150人くらいとの推論がなされています。小規模集団の例として伝統的社会における村などを考えてもよいでしょう。こうした集団は、メンバーが固定的で互いのことを熟知している社会環境です。第3部では、固定社会に適

17 固定社会を超えて

18 文化と価値

応して生きるためには、特定の相手と安定した協力関係（互恵性）を築き上げることが必要になると論じました。また第4部では共通運命に関わる相互調整のしくみを、集団意思決定などを通じて協働で作ることの重要性を論じました。

こうしたやり方は小規模でメンバーが固定したグループでは有効な適応方法です。しかしそのやり方は、どのような社会環境でも普遍的に有効でしょうか？有効な適応方法とは、むしろ社会環境の性質に依存して異なるのかもしれません。第5部では、人々がさまざまな社会生態環境にどのように適応しているのか、「文化」の観点から検討します。

10 hour Social Psychology 17

固定社会を超えて

▶01 イタリア社会の分析

市民意識の違いが南北格差を生んだ

この問題を考える上で、政治学者パットナムによるイタリア社会の分析を紹介します（Putnam, 1993）。イタリアでは1970年代に入って中央から地方へ行政の分権化が始まりました。しかし、北イタリアで分権化が成功したのに対し、南イタリアでは政治腐敗が山積しました。イタリア経済には南北格差が存在しますが、経済発展の違いだけでは行政機能の差をうまく説明できないことをパットナムは見いだしました。

かわって重要だったのは、**「市民意識」**（civicness）の違いでした。「市民意識」とは、法を守る、公私のけじめをつけるなどの公共的な意識です。北イタリアには共和国の伝統があり、市民意識が浸透しています。一方、長い間、王権の支配を受けた南イタリアでは人々の間に市民意識が育っていない歴史がありました。南での支配的な政治形態は、**「保護者―被保護者」**（patron-client）型の、有力者から便宜を受けるかわりに忠誠を尽くす「親分―子分」の関係です。このように、まわりの人間が親分―子分のコネに基づいて行動する環境では、自分だけ“公共性を重んじる市民”として公平に行動しても、結局、自分の首を絞める結果につながります。

特定の有力者に忠誠を尽くす見返りに便宜を受ける南イタリアのやり方は、第３部で論じた**「特定の相手と安定した互恵的関係を築く」方法**の１つであり、おなじみの適応戦略です。それでは、損にしかならないように思われる“公共性を重んじる市民”として振る舞うやり方が、なぜ集団に安定して成立し得るのでしょうか？

30秒でわかる! ポイント

10 hour Social Psychology 17

固定社会を超えて

▶ 02　安心の日本、信頼のアメリカ

ウチーソトの区別なく付き合うアメリカ

同様の問いから生まれた山岸（1998）の研究があります。出発点となったのは**「日本人はアメリカ人と比べて人を信頼しない」**という**日米比較調査**の結果でした。犯罪率の日米差などからも、この結果は私たちの直感に反します。山岸（1998）はこのギャップを「安心の日本、信頼のアメリカ」という概念で説明します。

安心（assurance）とは、「相手が裏切らないと安心できる」状態を意味します。なぜ私たちは相手が裏切らないと安心できるのでしょうか。「相手が善良な人間だから」かもしれません。しかしそれ以外に、「相手自身の損になるから」という理由があり得ます。第３部で論じた応報戦略を思い出してください。協力には協力で、裏切りには裏切りで報いる応報戦略は一方的な搾取を許しません。応報戦略のもとでは、裏切りは短期的に得でも、結局、大きな損につながるので、ずっと付き合う相手を裏切ることの誘因は互いに存在しません。つまり安心は、お互いの人間性が信頼できるからではなく、**長期的交換関係という基盤**に支えられると考えることができます。その証拠に、「赤の他人」との関係では互いに善良に振る舞うことはあまり期待できません（「旅の恥は掻き捨て」）。安心できる相手は、**繰り返し付き合う内集団メンバー**に限られます。

一方、**信頼**（trust）とはウチーソトを区別せず「赤の他人」を含む人間一般の善良さを信じる心理です。日米比較調査が示したのは、日本人はアメリカ人より後者の意味で信頼感が低いという結果でした。

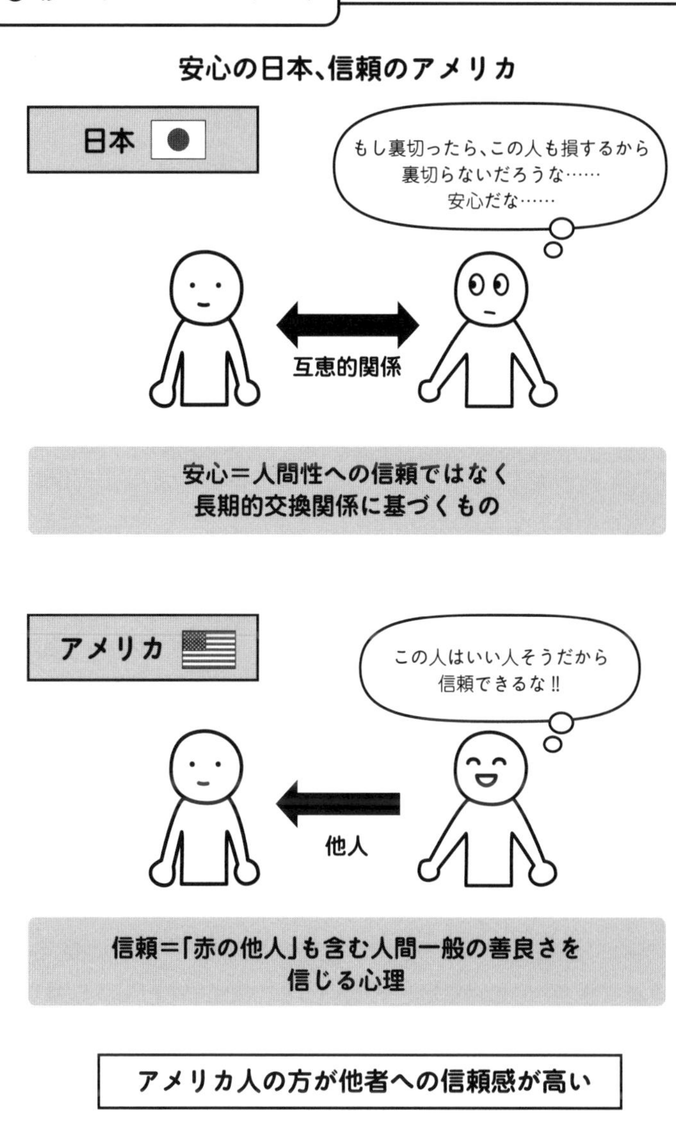
30秒でわかる! ポイント
安心の日本、信頼のアメリカ
日本
もし裏切ったら、この人も損するから
裏切らないだろうな……
安心だな……
互恵的関係
安心＝人間性への信頼ではなく
長期的交換関係に基づくもの
アメリカ
この人はいい人そうだから
信頼できるな!!
他人
信頼＝「赤の他人」も含む人間一般の善良さを
信じる心理
アメリカ人の方が他者への信頼感が高い

10 hour Social Psychology 17

固定社会を超えて

▶03 信頼の「解き放ち」機能

安心型社会は閉じた関係を再生産する

この結果は、よそ者に心を閉じるムラ社会や、系列取引などのビジネス慣行とも照応します。閉じた関係で生きることは、**古くからある適応方法**です。不思議なのは、なぜアメリカ社会で人間一般に対する信頼が成立したかです。

山岸（1998）は信頼が**「解き放ち」機能**をもつと主張します。安心はもちつもたれつの互恵的関係を保つ一方、より良い相手と付き合う機会を放棄する可能性があります。もし良い相手が外側に存在するなら、安心型の行動は**「機会の損失」**を生みます。未知の相手でもまず信頼し関係を試す傾向はプラスになり得ます。「信頼は内輪付き合いから人を解放し外側の関係へと拓く」という点が信頼の解き放ち機能です。流動性の高いアメリカでは、**関係外の優れた機会**（ビジネス・チャンス）が実際に大きいと山岸は議論します。

重要なのは、全体として見ると、**内輪付き合いは安心型の社会を再生産する**点です。自分１人が特定の関係から飛び出しても、他が安心型の行動をしている限り、良いパートナーは外に得られません。安心型の行動原理は、関係外の優れた機会を実際に減らし安心型の社会を再生産するわけです。逆に、信頼型の行動原理は外側にあるビジネス・チャンスを増やし、信頼型の社会を再生産し得ます。

古い安心型の行動原理に比べて、信頼型の行動原理は近代の産物であり、分断の進む現在のアメリカ社会のように、気を抜くと壊れてしまうもろい構造かもしれません。しかし、信頼型社会が存在する（した？）という事実は非常に重要です。

30秒でわかる！ ポイント

安心の日本、信頼のアメリカ

日本

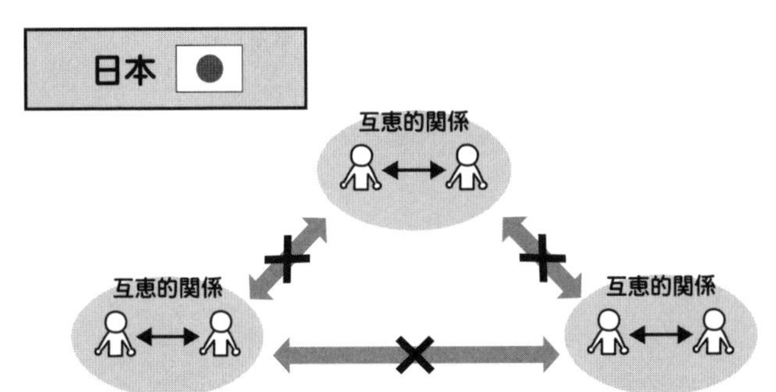

安心型の行動はより良い相手と付き合う機会を放棄する
「機会の損失」を生む

アメリカ

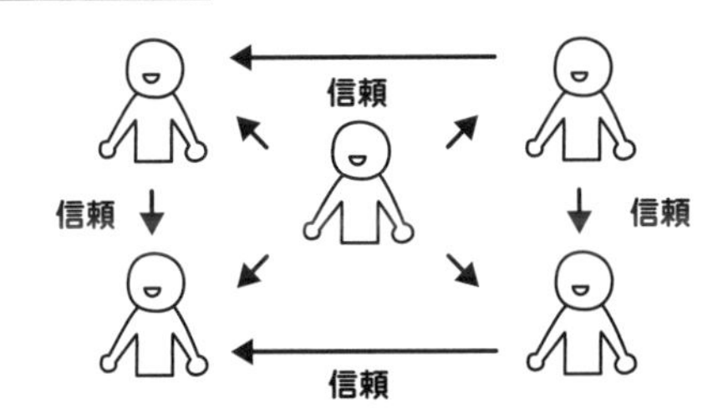

「信頼は内輪付き合いから人を解放し外側の関係へと拓く」
＝信頼の解き放ち機能

アメリカ
＝流動性が高く、関係外の優れた機会
（ビジネス・チャンス）が大きい

10 hour Social Psychology 18

文化と価値

▶ 01　名誉の文化

南部生まれを侮辱してはならぬ

社会環境と行動の間の循環的なミクロ—マクロ関係を示した別の例として、ニスベットとコーエンの研究（Nisbett & Cohen, 1996）を紹介します。彼らはアメリカでも南部・北部で行動に差異が見られ、アラバマなどの南部諸州では、人々（とくに白人男性）の行動パターンが**「名誉の文化」**（culture of honor）という概念で特徴づけられると主張します。ニスベットらが注目する特徴とは**“タフさ”や“男らしさ”に対する白人男性のこだわり**です。南部の白人男性は北部の白人男性と比べ、「相手から侮辱を受けたら徹底的に闘え」といった意味での名誉の維持に敏感です。

ニスベットらは、南部・北部の白人男性が、他の男性から侮辱されたときの生理的反応を実験により検討しています。図の縦軸は、**唾液に含まれるホルモン**（コルチゾル、テストステロン）が、2回の測定の間で増加した程度を示しています（右ページ説明参照）。まず、侮辱を経験しない「侮辱なし条件」を見てみましょう。ストレスの大きさと関係するコルチゾル、攻撃行動と関係するテストステロンのいずれも、北部出身と南部出身の白人男性の間で増加率に違いは認められません。しかし、侮辱を経験した「侮辱あり条件」では、両者の間に大きな違いが生まれています。他者からの侮辱に対し、ストレスを感じ攻撃性を増す程度は、北部出身者と比べ南部出身者で圧倒的に顕著です。

南部の白人男性が侮辱に対して敏感に反応するという事実は、他の認知的・行動的な指標を用いた実験でも確かめられています。

30秒でわかる！ ポイント

南部・北部の白人男性が、他の男性から侮辱されたときの生理的反応

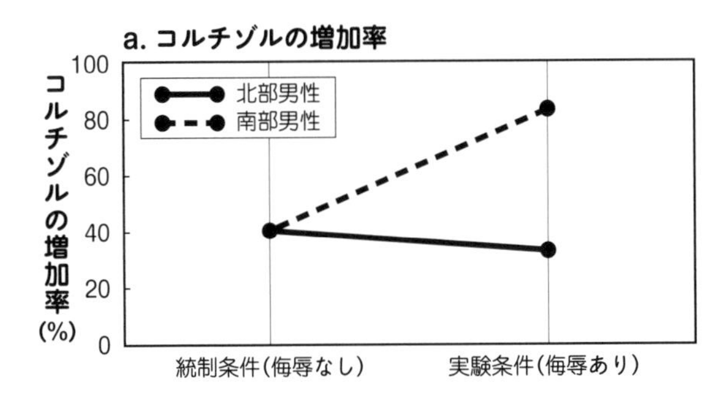

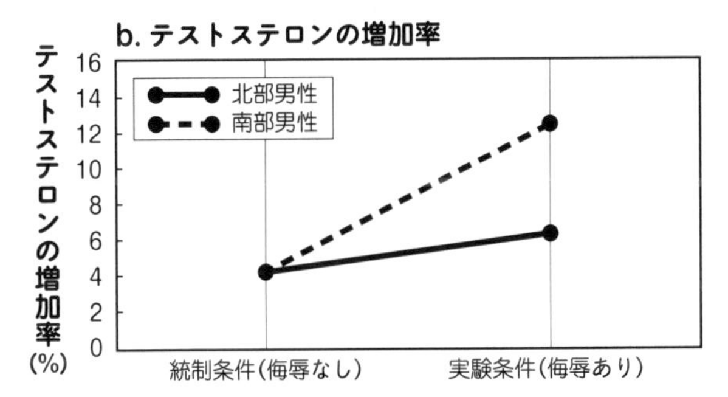

白人男性の参加者がサクラ（実験協力者）から侮辱される状況を設定し、北部・南部出身者で生理的反応に違いが生じるかを調べた。実験室到着後、参加者はまず唾液サンプルを取られた。唾液にはストレスに関係するホルモン(コルチゾル)、攻撃性に関係するホルモン(テストステロン)が含まれている。その後、「侮辱あり条件」の参加者には、別室に移動する途中で未知の相手(サクラ)とぶつかり、ののしられる経験が設定された。統制条件として「侮辱なし条件」も設けられた。参加者は別室でもう一度唾液を採取され、ホルモン量の変化が測定された。

10 hour Social Psychology 18

文化と価値

▶02 牧畜社会の生態

南部では タフでないと 生きていけない

南部・北部の白人男性の反応差を、ニスベットらは**社会生態環境の違い**に求めます。アメリカの移民史では、北部にイギリスや北ヨーロッパからの農民が移住したのに対して、南部には牧畜民が移住しました。人類学によれば、農民と牧畜民の社会には文化の違いがあり、暴力に訴えて葛藤を解決する慣習は牧畜社会で圧倒的に顕著です。

牧畜社会では、**家畜の窃盗**が深刻な問題です。農作物と比べて、家畜は「持ち運びが簡単」(歩いてくれる!)という便利な性質を備えています。また**放牧地域は人口密度も低く警察機能も不十分**で、人々を法に従わせることは定住型の農民社会よりも困難です。

さて、このような社会で、「あいつは弱虫だ」という評判が立ったら何が起こるでしょうか。「どうせ泣き寝入りする」という読みのもと、家畜泥棒のカモにされる運命が待ち受けています。逆に「自分の財産は命を賭しても守る」という"タフ"なイメージがあれば、家畜泥棒は危険を冒してまでやって来ないはずです。**"タフだ"という評判**は、他者につけ込まれることを未然に防ぐ適応的意味をもっています。「名誉の文化」が南部の白人社会で見られるのは、自分の財産を自分で守らねばならない牧畜という社会生態環境によるとニスベットらは考えます。この考えと一貫して、**言い争いが発端となった殺人**(強盗殺人など経済的理由ではなく、"タフ"なイメージが理由となる殺人)は南部で多く、牧畜生活が残っている地方小都市においてとくに見られることがわかっています(右表)。

30秒でわかる! ポイント

南部での殺人・パターン

a. 居住者数 20 万人以下の都市

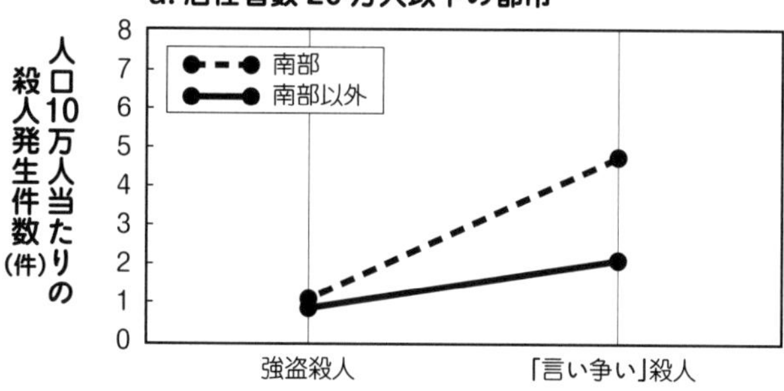

b. 居住者数 20 万人以上の都市

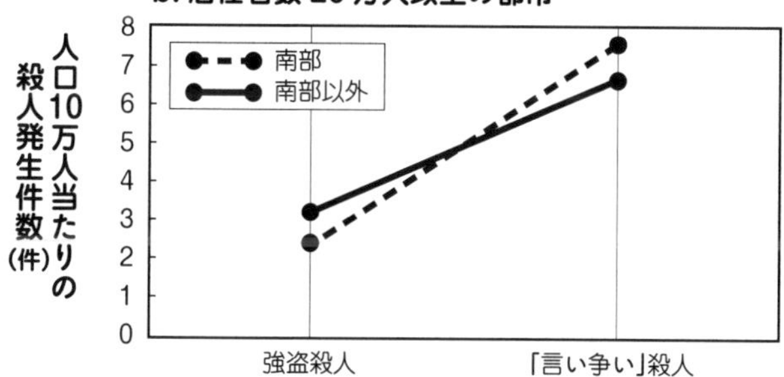

強盗殺人、「言い争い」殺人の人口 10 万人当たりの発生件数 (a は居住者数が 20 万人以下の小都市における統計、b は 20 万人以上の大都市における統計)

経済的な理由による強盗殺人の件数は、南部とそれ以外の地域でそれほど異ならない。一方、言い争いを発端とする殺人（"男としての面子"のかかった殺人）の発生件数は南部で多く、居住者数が20万人以下の小都市においてとくに強く見られる。この結果は、経済格差などの要因を統計的にコントロールしても変わらない。また言い争い殺人の南北差は、歴史的に家畜の所有者だった白人に特徴的で、黒人には該当しない。

出典：Nisbett & Cohen, 1996

10 hour Social Psychology 18
文化と価値

▶03 分配行動の文化差─比較文化実験

フェアな分配はどこで起こる？

次の実験に参加すると考えてみてください。未知の相手との間で1万円を分ける実験です。あなたは「分け手」として実験者から受け取った1万円の分配方法について相手に提案し、次に相手が「受け手」として提案を受け入れるかどうかを決めます。実験では、相手が受け入れれば双方の取り分は確定、拒否した場合には共に0円になるというルールが設定されています。提案を受け入れるか否かを決めるだけなので、この実験は**「最後通告ゲーム」**（ultimatum game）と呼ばれます。このゲームを1回だけ、分け手・受け手の役割を交換せず、コミュニケーションなしで行います。

この単純な実験は世界各地のラボで実施されてきました。結果も単純明快です。日本、アメリカ、ヨーロッパなどで実験すると、相手に金額の40～50％を渡すほぼ平等の“フェア”な分配がもっとも提案され、受け手もほぼ確実に受け入れます。20％を下回る少額提案は稀であり、行われてもほぼ確実に拒否されます。

しかし人類学者のヘンリックらは、実験ゲーム研究のほとんどが高度産業社会でしか行われていないことを問題だと考え、**世界各地の15の小規模社会**で最後通告ゲーム実験を実施しました。これらの社会は、南米やアフリカ、東南アジアなどを居住地とする小規模な部族・村落で、生業の形も狩猟採集、遊牧などさまざまでした。参加者は、それぞれの社会で約1～2日分の収入に当たる金額・品物を分配する最後通告ゲームを、同じ村落の「匿名の相手」（誰だかわからない相手）とペアにされて、1回だけ行いました。

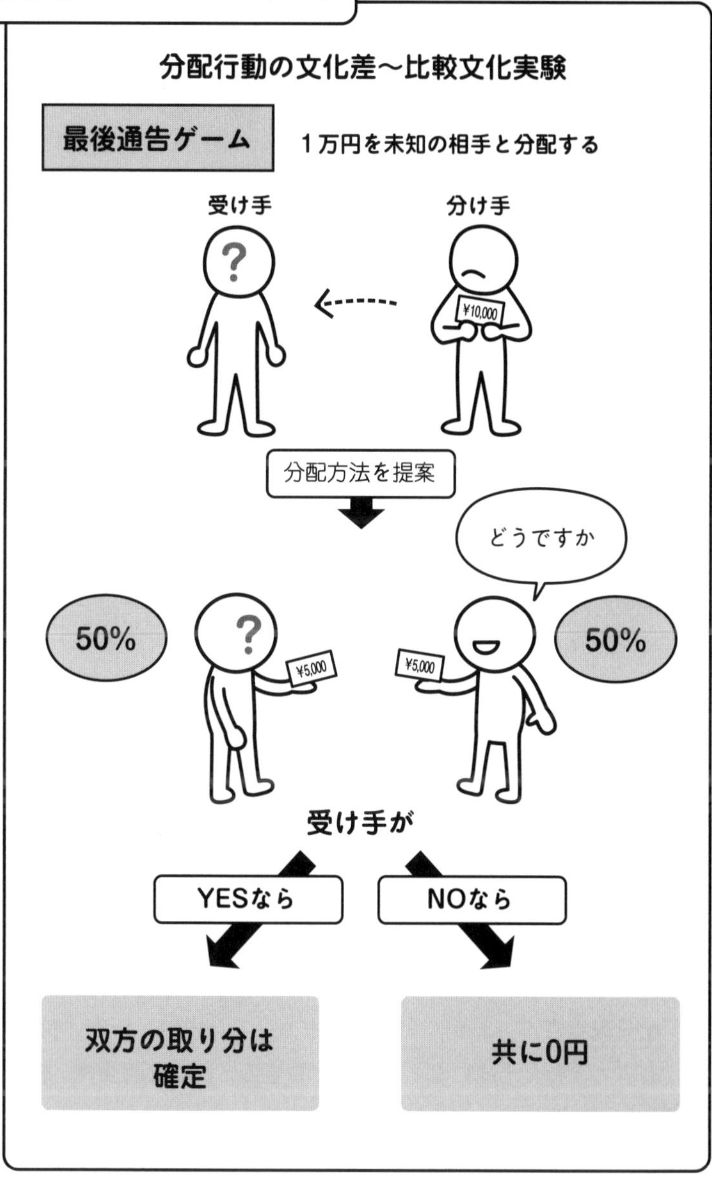
30秒でわかる！ポイント
分配行動の文化差〜比較文化実験
最後通告ゲーム
1万円を未知の相手と分配する
受け手
分け手
¥10,000
分配方法を提案
どうですか
50%
¥5,000
¥5,000
50%
受け手が
YESなら
NOなら
双方の取り分は確定
共に0円

10 hour Social Psychology 18

文化と価値

▶04 “フェア”な分配と市場経済

フェアな分配は普遍的ではない

右図に結果を示しました。縦軸は社会の名前です。横軸は受け手への分配比率、●の大きさはその分配が提案された頻度を表しています（大きいほど頻度が高い）。

小規模社会との比較のために、アメリカ・ピッツバーグの大学生の結果が上から３番目に表示されていますが、もっとも多い提案の分配比率は0.5であることがわかります。この数字は産業社会における分配提案がどこでも40～50%だったことと一貫します。しかし、それ以外の15の小規模社会における分配には大きなばらつきがあります。たとえば、下から２番目の南米ペルーのマチゲンガ族では15%の提案が多かったのに対して、一番上のインドネシアのラマレラ村では50%がもっとも多かったのです。

興味深いことに、分配提案の違いは社会がどのくらい市場経済に統合されているか、日常場面で協力が行われているかなど、**「社会のマクロな特徴」**の違いによって統計的に説明できました。たとえば、狩猟採集を主とするハッツァ族（下から３番目）の社会では、市場での交換が行われないのに対して、遊牧に携わるオルマ族（上から５番目）の社会では、家畜の売買や賃金労働が存在します。**市場統合**がなされているオルマ社会の方がハッツァ社会より、**“フェア”な分配提案**が行われています。その一方、年齢、性別、教育、富（家畜・現金・土地）など、**個人としてのミクロな特徴**は、個人間での分配提案のばらつきを統計的にほとんど説明できませんでした。

30秒でわかる！ ポイント

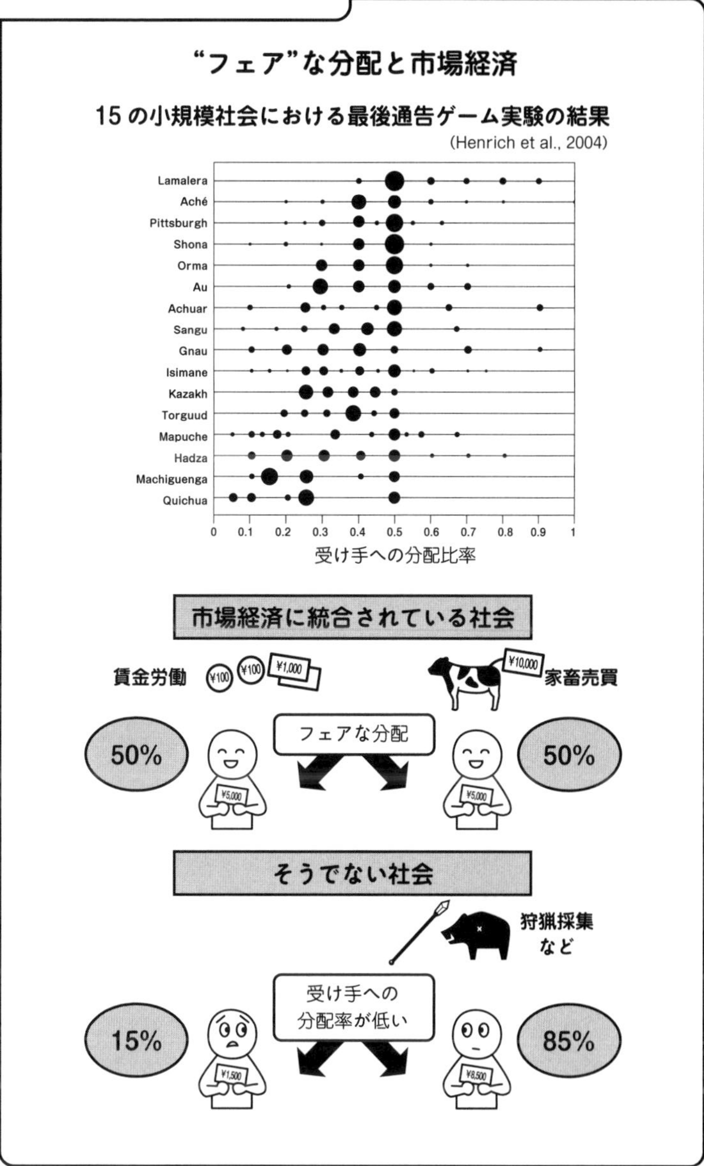

10 hour Social Psychology 18

文化と価値

▶ 05 心と文化の相互構成

経済的基盤が変われば文化も変わるのか？

ニスベットらの研究、ヘンリックらの研究は、“男性としての名誉”、分配の“フェアさ”などの価値が、**社会の生業形態**（牧畜、市場経済）と密接に結びついていることを示しています。

しかし、たとえば「名誉の文化」を支えたそもそもの社会・経済環境は、アメリカ南部に今もなお存在するのでしょうか。事実、今日の南部における「名誉の文化」の支配力は昔ほどではないと言います。**経済的・生態的基礎**を失った「名誉の文化」は消え去るべき運命にあるという見方は一面の真実を捉えているでしょう。ですが、ニスベットらは、文化はいったん定着すると**持続的性質**を獲得すると考えます。“男らしい”ことが南部社会で今日でも価値をもっているならば、その価値を生んだ経済的基盤（牧畜生活）が失われても、南部の白人男性が「名誉の文化」を受容し、「文化の中で一人前になる」ことは理解できます（北山, 1998）。もしそうであれば、南部社会では「名誉の文化」が再生産されることになります。

「文化」という包括的な対象を考える上で、狭い意味での**経済的基盤だけに注目するやり方は不十分**かもしれません。一方、第３部で論じたように、「価値」を前面に出す議論は、心理・情緒的適応に依拠した議論と同様、ともすれば**同義反復（トートロジー）**になりがちです。この罠に陥ることなく人間にとって本質的な文化の問題をどう捉えるべきか、社会科学と生物学を交差した挑戦が始まっています（Henrich, 2015; Laland, 2017）。

30秒でわかる! ポイント

フェアな分配

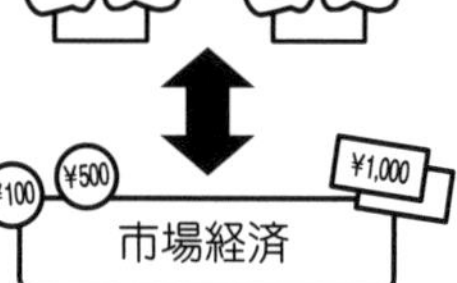

文化と社会の生業形態が密接に結びついている

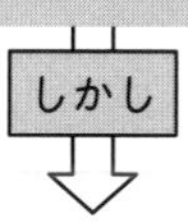

文化を捉えるのに経済的基盤のみに注目するのは不十分

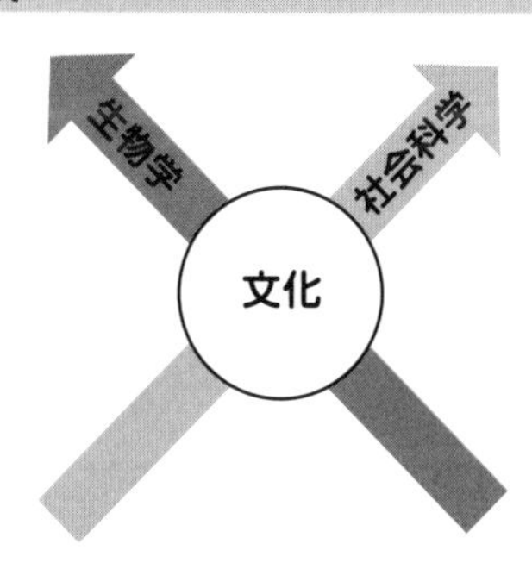

社会科学と生物学を交差した挑戦が始まっている

18
文化と価値

column

商人道と武士道

アメリカのジャーナリストで都市社会学者のジェイコブズは、古今東西のモラル・価値は、大きく**「市場の倫理」**と**「統治の倫理」**という２つの体系に分けられるという大胆な主張をしています（Jacobs, 1992）。市場の倫理とは、読んで字のごとく、自由な取引を重んじる**商人型の道徳規範**です。一方、統治の倫理とは、政治・権力関係に基づく社会秩序を重んじる**軍人・官僚型の道徳規範**です。

ジェイコブズはこれらのモラルの特徴を、表のようにまとめています。一見して、それぞれのモラルを構成する価値・信念が互いに**ほぼ対称**であることがわかります。

ジェイコブズの主張のポイントは、内集団と外集団の間に線引きをするか、武力を容認するか、正直さを尊ぶか、伝統かイノヴェーションか……といった個々の価値や信念の違いを超えて、２つのモラル・価値の体系が、**生き残りのためのシステム**としてそれぞれ**統一的なまとまり**を作っている、という点にあります（生き残りのシステムとしてモラルを捉える考え方は，この本のキーワードである適応の視点と一致します：亀田，2017）。

ジェイコブズの「古今東西のすべてのモラルはこの２つの型にまとめられる」という主張は単純にすぎるでしょう。しかし、

・社会における道徳とは、「人々の間で平和で安定した協力関係をどう作るか」という問題（社会科学で、**秩序問題**とか**ホッブズ問題**とか呼ばれます）を解く生き残りのシステムである

・それぞれの道徳は、システムとしてのまとまりをもった、秩序問題への**異なる解き方**（異なる社会の作り方）である

という論点には、傾聴すべきものがあります。

市場の倫理と統治の倫理（Jacobs, 1992）

〈市場の倫理〉	〈統治の倫理〉
他人や外国人と気やすく協力せよ	排他的であれ
暴力を締め出せ	復讐せよ
正直たれ	目的のためには欺け
自発的に合意せよ	取引を避けよ
競争せよ	名誉を尊べ
契約尊重	位階尊重
創意工夫の発揮	忠実たれ
新奇・発明を取り入れよ	伝統堅持
効率を高めよ	剛毅たれ
快適と便利さの向上	勇敢であれ
目的のために異説を唱えよ	規律遵守
生産的目的に投資せよ	気前よく施せ
勤勉たれ	余暇を豊かに使え
節倹たれ	見栄を張れ
楽観せよ	運命甘受

第6部

社会心理学の方法

第6部のねらい

第6部では、社会心理学の伝統的方法と、新しい社会科学の方法について概観します。近年、「エビデンスに基づく政策立案」(Evidence-based Policy Making:EBPM)という言葉が、政府でも産業・組織場面でも強調されます。データサイエンスの興隆はこうした動きと軌を一にします。

データに基づく議論を重視することは極めて重要です。一方、それぞれのデータには制約があります。データの収集にはどのような方法があり、各方法はどのような長所・短所をもっているのか、それぞれの方法で得られたデータにはどのような制約があるかを理解することは、EBPM を進める上で必須の要件です。第6部では、社会心理学および隣接分野で用いられるデータ収集方法について、それぞれのロジックと長所・短所を見ていきます。

10 hour Social Psychology 19

調査と実験

▶ 01　標本調査と母集団

東京都に住む成人男女の意見・態度を知る方法

社会科学の重要な方法に**標本調査**（sample survey）があります。国勢調査のようにすべての人・世帯を調べる全数調査とは異なり、**標本**（sample）を**全体**（母集団：population）から抽出し、全体の性質を統計的に推計する方法です。

たとえば「2030年までに温室効果ガス排出量を2000年比で50％削減するための施策」について、東京都の成人たちがどのような意見をもっているか知りたいとしましょう。標本調査では、「東京都に住む18歳以上の男女8000人」などに回答を求めます。8000人の抽出には、東京都の成人全体から完全にランダムに抽出する単純無作為抽出法、全体をいくつかの層（グループ）に分けてそれぞれの層から必要な数をランダムに抽出する層化抽出法などの方法があります。また調査手続きも、紙媒体（調査票）を使う伝統的な方法から、電話調査（コンピュータでランダムに生成した番号に電話をかける）、ウェブ調査（インターネットで調査フォームを公開し回答を募る）など、目的と予算に応じてさまざまです。

どの場合も調査者が関心をもつのは標本（8000人）そのものではなく、**母集団の性質**です。調べたデータから、「2023年10月時点で東京都に居住する成人」という母集団の性質をどれだけ正確に推計できるかが、調査の鍵を握ります。ここでの母集団は、時代・地域などの点で、**特殊具体的**（2023年10月、東京都、成人）であることに注意してください。**無作為抽出**は、**具体的な母集団への一般化可能性**を高めるための標準的な手続きです。

30秒でわかる! ポイント

標本調査と母集団

抽出方法

単純無作為抽出法

完全にランダムに抽出

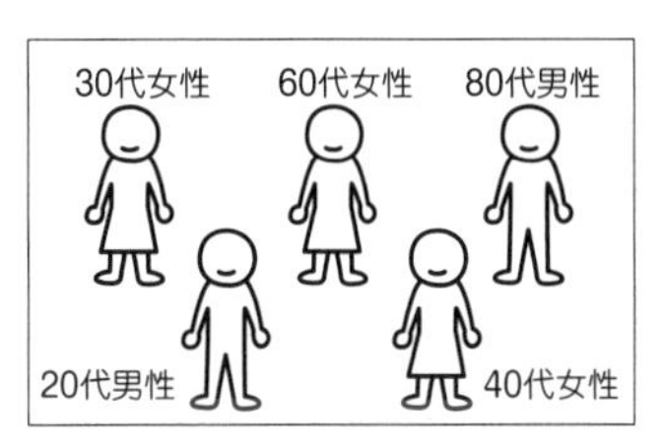

層化抽出法

全体をいくつかの層に分けて
それぞれの層から抽出

40代女性
40代男性
30代女性
30代男性
20代女性
20代男性

調査方法

紙媒体(調査票)を使用

電話調査

ウェブ調査

10 hour Social Psychology 19

調査と実験

▶ 02 実験のロジック

操作の前に条件間の差をなくす

それでは、**実験**（experiment）とはどのような手法でしょうか。実験では条件を研究者が操作し（操作する条件を**独立変数**と呼びます）、参加者の反応・行動（**従属変数**）に違いが出るかどうかを検討します。たとえば、第５部で紹介した「名誉の文化」実験では、参加者に侮辱を与える・与えないが**条件操作**に当たります。ストレスや攻撃性の変化（コルチゾルなどのホルモンがどれくらい増加するか）が従属変数です。

さて、この実験では最初に、参加者を侮辱あり・なしの２つの条件に**ランダムに割り当て**ました。参加者ごとに割り当てをコイン投げで決めるならば、２つの条件の間で、参加者たちの個人特性（性格・神経生理的な個人特徴）に**はじめに差がある可能性**は極めて小さくなります。もちろん各条件内では参加者の個人特性は多様です。しかし、個人特性を２つの条件の間で全体的に比べると同じような分布になっているはず（＝操作の**前**には条件間に差がない）というのがポイントです（ランダムな割り当ては、調査のように母集団に一般化するためではなく、**条件間ではじめの差をなくす目的**で行われる点に注意してください）。

したがって侮辱あり・なしでの条件操作の**後**でホルモン変化に違いがあれば、その違いは操作に起因すると考えられます。つまり「侮辱がストレス・攻撃性を増加させる」**因果関係**の証拠が得られます（実際、南部の白人男性でこの関係が強く認められました）。因果関係について強い推論ができる点は**実験の最大の長所**です。

30秒でわかる！ ポイント

実験とはどのような手法か

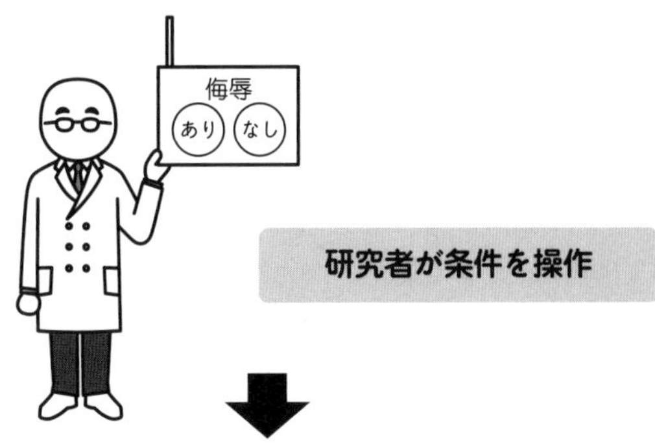

参加者を条件にランダムに割り当て

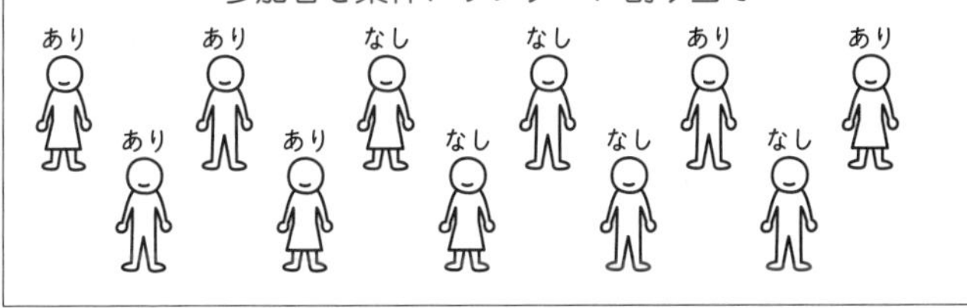

個人特性を２つの条件の間で
全体的に比べると同じような分布に

侮辱あり

ストレス・攻撃性増加

侮辱なし

ストレス・攻撃性変わらず

→ **操作との因果関係について強い推論ができる**

10 hour Social Psychology 19

調査と実験

▶ 03 実験結果の一般化

交絡変数を検討しフィードバックを繰り返す

調査が「2023年の東京都成人」など**具体的な母集団**を扱うのに対して、**実験が扱う母集団**とは何でしょうか？　心理学や医学の実験が関心をもつ母集団は**「種としてのヒト」**です。調査のように、ヒト母集団からランダムに標本を抽出することは、過去や未来から標本を取れない以上そもそも不可能です。「北部・南部の白人男性」という母集団を考える場合にも**無作為抽出は実行上不可能**です。

それでは、実験の結果はどのように一般化できるのでしょうか？一筋縄ではいかない問題ですが、次のやり方が実際的だと実験研究者は考えます。ヒトの色知覚メカニズムに関心があるとします。このとき重要なのは、結果に影響する可能性があるものの理論やモデルに入っていない変数**（交絡変数）**を検討することです。たとえば虹彩の色（黒い目、青い目）は結果に影響するかもしれません。もしさまざまな虹彩の参加者を用いて同じ結果が得られるなら、その可能性を棄却できます。一方、黒い目と青い目の参加者で結果が違うなら、研究者の理論やモデルに欠陥があることが示唆されます。

実験における一般化とは、調査における母集団からの無作為抽出のように、標準的・定型的な手続きにより保証されるものではありません。現象に関わる**可能性のある**交絡変数は無数に存在します。実験における一般化とは、理論やモデルに照らして懸念される交絡変数を優先的に検討し、その結果を理論にフィードバックするていねいな往復作業を通じ、次第に定まってくるものです。**実験と理論・モデルは表裏一体の関係**にあります。

30秒でわかる! ポイント

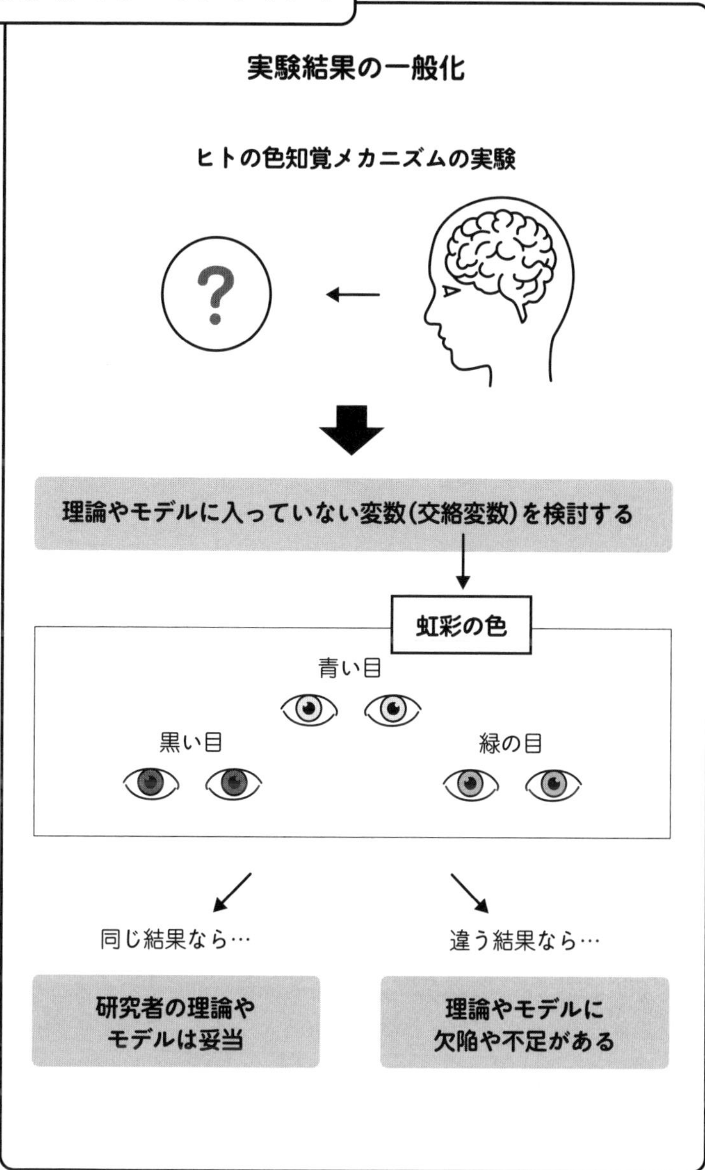

19 調査と実験

▶ 04　生態学的妥当性

重要な変数が抜けていないか、ずれていないか

実験のもう１つの特徴に「**人工性・抽象性**」があります。ラボの実験は「日常的な現実性」を欠くという批判はよく聞かれます。

心理学者のギブソンはこの問題を、**生態学的妥当性**（ecological validity）という点から議論しました（Gibson, 1979）。人間が対象ではありませんが、参考になる研究としてラットの学習を扱った実験をあげます。ラットは食物と吐き気の関係（あるものを食べると吐き気に襲われる）を簡単に学習できますが、電気ショックとの関係（食べると後で電気ショックが来る）は学習できません。前者ではその食べ物を摂らなくなるのに対し、後者では摂食が減りません。こうした「食物回避学習」での成績の違いは、ラットの生活する生態学的環境に由来します。自然界で食物は吐き気と関係する（腐ったものは吐き気を催す）のに対し、電気とは関係しません。

研究者が生態学的関係を無視した実験を行った場合、得られた結果には意味がありません。食物と電気ショックのつながりを学習できないという結果から、ラットの学習能力に重大な欠陥があると結論しても妥当性がないでしょう。重要な変数が抜けていたり、実際の生態学的関係とずれていたりする実験は、まさに人工的です。

実験では扱いたい**環境の本質を捉える作業**が鍵を握ります。その作業を通じ生態学的妥当性を備えた実験は、抽象度が高く人それぞれ異なる「日常的現実」をそのままの形では再現していなくても、社会行動の理解に有効な**実験的リアリズム**（experimental realism）を提供できます。

30秒でわかる! ポイント

生態学的妥当性

食物と吐き気の関係を学習

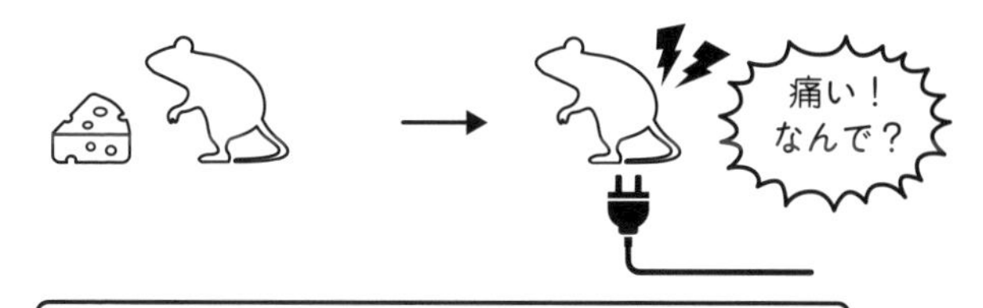

電気ショックと食物の関係を学習できない

自然界では食物は吐き気と関係するが、
食物と電気は関係ないため

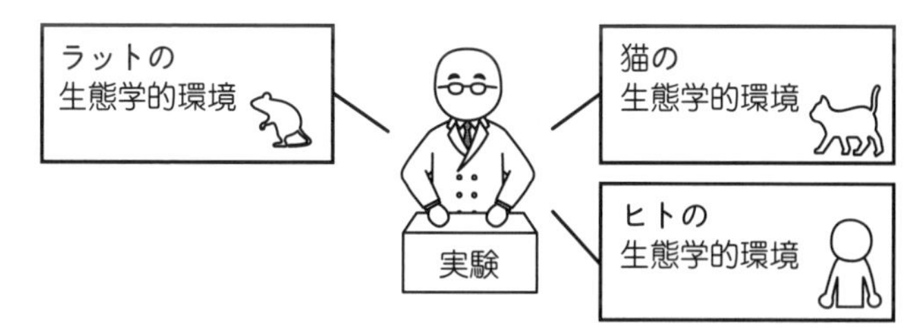

生態学的妥当性を備えた実験は、抽象度が高くても社会行動の理解に有効な実験的リアリズムを提供できる

10 hour Social Psychology 20

新しい方法論の展開と統合的な人間科学

▶ 01　ビッグデータの分析①

デジタルデータで大規模な検証・確認を可能にする

2010年頃から新しい重要な流れが社会科学に生まれました。デジタル社会への突入は、**計算社会科学**（computational social science）と呼ばれる分野を登場させました（Lazer et al., 2009）。

計算社会科学の重要な方法論的長所として、人々の**「デジタルな痕跡」**を分析できることがあります。よく言われるように、行動は化石に残りません。まさにこの理由で、社会科学者は調査や実験を通じて言語的回答などのデータを「生み出して」きました。人工性という制約は、「研究者がデータを生み出す」作業に由来します。その一方で電子情報技術の進展は、インターネットでの購買・情報検索など、社会行動のデジタルな痕跡を大規模に（**ビッグデータ**）、瞬時（**リアルタイム**）に集めることを可能にしました。ビッグデータの特徴は表のようにまとめられます（Salganik, 2018）。実験研究と対比しつつ、いくつかの特徴に絞って検討します（右表）。

３つのメリットのうち、**大規模性**については言うまでもありません。たとえば、ゴールダーとメイシー（Golder & Macy, 2011）の研究では、人々の気分が日内（朝ほど気分が良い）、週内（週末ほど良い）、季節（日照時間が長いほど良い）で変動することを、世界84カ国240万人による２年間・５億件超のツイートデータを用いて示しました。気分の変動・リズムそのものは心理学・医学で以前からよく知られていましたが、標本の大きさや参加者の多様性の面で方法上の制約がありました。デジタルデータはこうした基礎的知見を大規模な形で検証・確認できます。

30秒でわかる! ポイント

ビッグデータの特徴

長所	短所
1. 大規模性 (Big)	4. 不完全性 (Incomplete)
2. 非反応性 (Nonreactive)	5. アクセス困難性 (Inaccessible)
3. 常時オン (Always on)	6. 非代表性 (Nonrepresentative)
	7. ドリフト (Drifting)
	8. アルゴリズムによる交絡 (Algorithmically confounded)
	9. 汚染 (Dirty)
	10. センシティブ (Sensitive)

出典：Salganik, 2018

1～3の長所については本文参照。4～10 の短所については以下のとおり。

(4)「研究者が生み出す」データではないため、必要な情報が完備しているとは限らない
(5) 企業データなどアクセスが難しい場合がある
(6) 電子システムを利用する人々は社会全体を代表しない
(7) 時間経過とともに利用者の質やシステムが変わる
(8) システムのしくみ（ターゲット広告やインターネットのフィルター機能などのアルゴリズム）が人々の行動を誘導する
(9) 何らかのノイズでデータが汚染されている可能性がある
(10) 個人情報を含むデータの取り扱いはセンシティブ

10 hour Social Psychology 20

新しい方法論の展開と統合的な人間科学

▶ 02 ビッグデータの分析②

リアルタイムで大規模にデータを記録

気分変動のデータは自発的なツイートに基づいており、研究者が作った「人工的」データではない点も重要です。同じテーマで、参加者に気分を尋ねる心理質問紙に定期的に回答してもらう、デバイスを装着し心拍や血流の変化を計測するとしましょう。どちらの場合も、参加者は自分の反応が観察・記録されていることを熟知しています。このとき、研究者の期待に沿うように回答してしまう、ふだん以上に規則正しい生活をするなど、観察されていることへの参加者の**反応性**（reactivity）がデータに歪みを生む可能性は否定できません。一方、人々が日常生活で自然に残したデジタルな痕跡を「気づかれない」形で調べる研究では、通常の実験・調査に比べて参加者は「非反応的」（p221の表参照）であり、観察に伴うデータの歪みが小さくなります（同時に、事前に明確な同意を得ていないデータを使用することの倫理的問題には慎重な対応が必要です）。

３つ目の**「常時オン」**（p221の表参照）とは、人々が生活の中で残すデジタルデータは、切れ目ない形で情報を与える点を指します。重大事件をはじめ予測不可能な出来事に人々がどう反応したかを含めて、ミクロな「歴史データ」を常時記録できるというメリットは、ラボの実験では実現不可能な特徴です。

このように、社会の動態をリアルタイムで大規模に捉える点は、実験が提供できない、計算社会科学のユニークな強みです。計算社会科学によるリアルタイムの観察知見と、実験による基礎的・因果的な知見は、**互いを有効に補完**し合います。

30秒でわかる！ ポイント

ビッグデータの分析②

人工的データ

・研究者の期待に沿うように回答
・ふだん以上に規則正しい生活をするなど
→ **参加者の反応性(reactivity)がデータに歪みを生む**

日常生活で自然に残したデジタルな痕跡

→ **参加者は「非反応的」で、
観察に伴うデータの歪みが小さい**

10 hour Social Psychology 20

新しい方法論の展開と統合的な人間科学

▶03 フィールド実験①

フィールド実験で政策を動かす

社会科学における最近のもう１つの潮流として、**政策志向の大規模な社会実験**が急増していることがあげられます。2019年のノーベル経済学賞は、３人の開発経済学者に与えられました。貧困問題を改善するための政策介入の効果を、大規模なフィールド実験により検討した業績への評価です。その仕事は、『貧乏人の経済学―もういちど貧困問題を根っこから考える』（Banerjee & Duflo, 2012）などからも知ることができます。

バナジーらが開発経済学に導入した技法は、経済学で**ランダム化比較試験**（Randomized Controlled Trial：RCT）と呼ばれます。ランダムに複数の処置（treatment）を対象に与え（心理学では「条件に配置する」と言います）、**処置の因果的効果**を特定しようとする実験手法です。既に述べたように、参加者をランダムに条件に割り当てることで因果推論を可能にする実験の手法は、心理学はもちろん、医学（試薬と偽薬を異なるグループに投与する手続きを用いた薬理効果の検証）、生物学、農学を含む多くの自然科学分野で古くから使われてきました。マーケティングやウェブページのデザインに関する効果比較実験でも同様です。バナジーらの貢献は、RCTを開発経済学の**実際の現場**に大規模に導入し政策的に重要な知見を生み出したこと、因果推論に関する計量経済学の展開を促進したことにあります。たとえばScience誌掲載の研究では、エチオピア、インドなどの６カ国１万超の極貧層の家庭を対象に２年にわたる大規模実験が実施されました（Banerjee et al., 2015）。

30秒でわかる！ ポイント

フィールド実験①

ランダム化比較試験
(Randomized Controlled Trial: RCT)

あるグループ

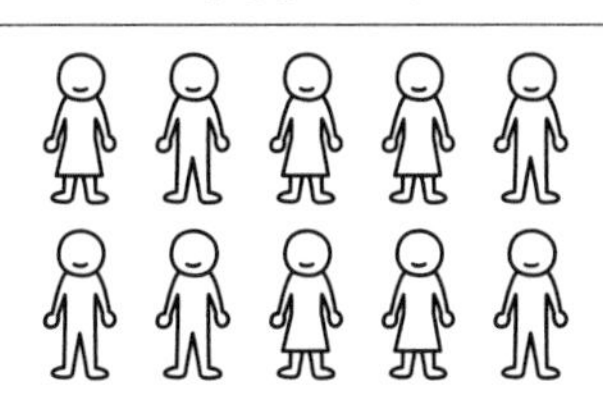

ランダムに処置を与える

処置 A

効果あり

処置 B

効果なし

因果的効果を特定

バナジーら

RCTを開発経済学の実際の現場に大規模に導入
政策的に重要な知見を生み出した
因果推論に関する計量経済学の展開を促進
6カ国1万超の極貧層の家庭を対象に2年にわたる
大規模実験を実施

▶04 フィールド実験②

貧困解消にも有益なことを立証

この実験では、バングラデシュのNGOによって開発された**貧困への介入プログラム**（生産的資産の付与、生産的資産を使うためのトレーニングと技術援助、生活補助、貯蓄指導、健康教育、家庭への頻繁な訪問の６つの活動を含む介入パッケージ）の効果が検討されました。参加世帯はランダムに「処置条件」と介入なしの「統制条件」に割り振られ、２年後のプログラム終了時と、さらに１年後の計２回、介入の効果が査定されました。

さて結果はどうだったでしょう。介入プログラムの対象となった処置条件の世帯は、統制条件の世帯と比べて、終了から１年後の時点でも、消費、食物の安定確保、資産、所得、精神的健康などの**厚生指標で改善効果**を示し、６カ国中５カ国で、介入による便益が費用を上回っていました。この研究は、貧困の罠と呼ばれる「巨額の介入をしない限り貧困層は悪循環から抜けられない」という見方に対し、１世帯当たり２年間1450（インド）USドルから6000（パキスタン）USドルくらいの介入費用で、それを上回る便益が得られることを示し、注目を浴びました。

バナジーらの研究は介入プログラムの**平均的な効果**を示したもので、**世帯の個別属性**に応じて介入効果が変わる可能性は検討されていません。また介入プログラム全体としての効果は明らかですが、パッケージのどの部分がどう効いたかは不明です。介入効果の多様性の分析や、政策のターゲッティング（どの世帯に政策を向けるか）は、今後の重要な検討課題です。

30秒でわかる！ ポイント

フィールド実験②

貧困への介入プログラム

貧困世帯をランダムに割り振り

処置条件　　　　統制条件

終了1年後でも……

消費、食物の安定確保、資産、所得、精神的健康などの厚生指標で改善効果を示した
介入による便益が費用を上回った

変化なし

▶05 多様な方法は社会科学を豊かにする

データ集めの手法は一長一短

標本調査、実験、ビッグデータ分析、フィールド実験という４つの方法について、それぞれの長所・短所を概観しました。どの方法も社会行動について証拠・データに基づく理解を可能にする一方、どれも完全ではなく、**固有の制約**を背負っています。制約を引き受けることで、それぞれの強みを実現していると言えるでしょう。

たとえばラボ実験では、**精緻な計測**を複数のレベルで行います。行動、認知、生理・神経反応などの異なるレベルを同時に、あるいは同じパラダイムの実験で組織的に測定することは、**高解像度の因果的情報**を提供します。しかし結果の一般化については慎重な吟味が必要です（高解像度だが狭視野の顕微鏡のイメージ）。政策志向のフィールド実験は介入対象への**直接的応用**が目的なので、それを超える一般化については問題になりません。ただ、データの解像度や理論的な解釈についてはフィールドゆえの制約があります。

また標本調査は特定の母集団について、ビッグデータ分析は特定の行動について、**リアルタイムの観察**を提供します。一方、そこで得られるのは**社会のスナップショットと相関データ**です。「早起きの人ほど精神的に健康である」という**相関関係**の観察から、「早起きすると精神的に健康になる」という因果的結論を導くことは、（いかに直感的にもっともらしくても）容易ではありません。

多様な方法は社会科学を豊かにします。それぞれのデータの長所・短所に留意することは、**証拠に基づく意思決定（EBPM）**をするために最重要の要件です。

30秒でわかる！ ポイント

多様な方法は社会科学を豊かにする

ラボ実験

政策志向のフィールド実験

標本調査

ビッグデータ分析

多様な方法は社会科学を豊かにする
それぞれのデータの長所・短所に留意することが、
証拠に基づく意思決定をするために最重要の要件

column

「メタ理論」の重要性

本書では**適応とミクロ―マクロ関係という２つのキーワード**を軸に、社会心理学の知見を概観しました。本書を閉じるにあたって、なぜこれら２つのキーワードを重要だと考えるのか、その背景を論じてみたいと思います。

私が社会心理学を学び始めてから40年以上の時間が流れました。その間の社会心理学の“ホットトピック”の急激な移り変わりには感慨を禁じ得ません。どのトピックも瞬間風速的に大量のデータを生み出しました。しかしそれぞれの知見が統合されたのか、正直、心許ない感じがします。

知見が断片的に存在している状況でしょうか。もちろん個々の知見を現場に“応用”することは可能です。ただ、そこでの応用は、ツールボックスから工具を取り出すように実際的な反面、知見同士のつながりをそれだけでは強めません。さまざまな知見を統合し見通しを良くするのに必要なのは、個別の知見を超えるもう一段上の考え方（**メタ理論**：meta-theory）だと思われます。本書で選んだメタ理論が適応の視点でした。

適応的視点は「生存という目標に私たちの認知・感情・行動がどう役立つのか」を問いの出発点とします。「キノコ喰いロボット」の例のように、機械であれ生物であれ「まとまりをもつシステム」のデザインを知る上で、システムの目的を考えることは発見の道具になります。たとえばロボットが惑星で生き残るためには、環境に適した知覚系・運動系、キノコを探索する時間やエネルギーを減らすための系（キノコのある場所を記憶・推論する系）などの実装が必要になるはずです。重要なのは、適応的視点は**系同士の有機的なつながり**を予測する点です。上の例で知覚系と運動系のデザインが独立しているはずはありません。この意味で適応的視点は、ロボットを構成する多様な要素について**一貫した理解**を生み出しそうです。

適応的視点を人間というシステムに当てはめるのに重要なもう１つのキーワードが**ミクロ―マクロ関係**でした。脳進化と群れサイズの話のように、人間の最大の適応環境は「集団生活」です。集団生活とは**同じくらい賢い個体同士のプラス・マイナスの相互依存**を意味し、**個人の行為は当人で閉じず**、集団・社会環境を作ります。フランスの社会学者コントは「人はいかにして社会の結果であると同時に原因でもあるのか」という問いを発しました（Comte, 1875）。この問いがミクロ―マクロ関係を意味するのは明らかですね（Schelling, 1978）。つまり適応的視点を人間に当てはめるとき、相互依存という存在形式がミクロ―マクロ関係というもう1つのキーワードを必然的に要求します。

以上の理由で、**人間の社会性を捉える**上で、適応とミクロ―マクロ関係という２つのキーワードがメタ理論として役立つはずです。

人間の社会性とは、社会科学全体、そして自然科学にも及ぶ壮大なテーマであり、メタ理論は学問分野を越えて**一貫した知識**を生み出すものでなければなりません。有効なメタ理論は**学問を隔てていた壁を低くする**でしょう。これは痛みを伴う変化かもしれません。しかし、新しいメタ理論と方法の展開と共に、将来生まれる統合的な学問分野がたとえ「社会心理学」と呼ばれなくても、呼称などはささいな問題という気がします。みなさんはどう思われますか？

おわりに

最後まで読み通していただき、ありがとうございました。

冒頭で述べたように、本書は社会心理学が生み出してきたさまざまな知見を網羅的にカバーするのではなく、「重要な集団・社会現象に絞ってそれらの現象が起きる理（ことわり）（ロジック）を考える」という方針をとりました。社会心理学や、社会心理学と関係の深い行動経済学・認知科学などの諸学問は、「集団・社会で生きる人間」の認知・行動・意思決定について、多くの実証的知見を日々積み重ねています。それらの個別的な知見をさらに詳しく知りたい読者は、ぜひ専門書や論文にあたって知識を深めてください。その際に、本書で展開した「集団・社会現象についての見通し（perspective）」がそれぞれの知見の理解と吟味、位置づけに役立つようであれば、筆者にとって大きな喜びです。

2014年に東京大学に異動するまで20年にわたり北海道大学大学院文学研究科で同僚だった故・山岸俊男教授（筆者が心から尊敬する偉大な社会心理学者です）は、かつて、「社会とはしがらみである」という名言を残しました。しがらみとは古い「やまと言葉」で、水の流れをせきとめるための杭や柵などを使った仕掛け、転じて、私たちの直線的な（＝“勝手・自由・気ままな”）行動を妨げるものを意味します。しがらみとしての社会は、私たちの行動を制約します。同時に、私たちの行動が社会のしがらみを再生産します。「天国」に住んでいない私たちにとって、「しがらみの中で生きる」ことは共存・共生の大前提です。

では、どのようなしがらみ（制度・関係性）を作ることが人々の幸せ（well-being）に通じるのか、気候変動・災害・戦争に加えて生成 AI の出現をはじめ、私たちの未来の不確実性・不透明さが急増する中、学問の壁や文理の隔たりを超える「総合知」が求められています。産業・組織の現場から得られるさまざまな経験・知識は、こうした総合知のあり方を、学問だけに止まらない「地に足のついた」堅固なものに鍛えてくれるでしょう。

今日、産学官の間で長期的な視点に立つ連携がますます大事になっています。ぜひ、みなさんの日々の実践から得られた貴重な経験・知識を、研究者たちにもフィードバックしてください。

2023年８月
亀田達也

引用文献

（第１部）

長谷川眞理子 (2002).『生き物をめぐる４つの「なぜ」』集英社新書

Allport, F. H. (1924). *Social psychology.* Houghton-Mifflin.

Aronson, E. (2011). *The social animal* (11th edition). Worth Publishers.（岡隆訳『ザ・ソーシャル・アニマル―人と世界を読み解く社会心理学への招待』2014年、サイエンス社）

Dunbar, R. I. M. (1992). Neocortex size as a constraint on group size in primates. *Journal of Human Evolution*, 22, 469-493.

Le Bon, G. (1895). *Psychologie des foules.* F. Olean.（桜井成夫訳『群衆心理』1993年、講談社学術文庫）

McDougall, W. (1920). *The group mind.* Putnam.

Tinbergen, N. (1963). On aims and methods of ethology. *Zeitschrift für Tierpsychologie*, 20, 410-433.

Toda, M. (1962). The design of a fungus-eater: A model of human behavior in an unsophisticated environment. *Behavioral Science*, 7, 164-183.

（第２部）

Allport, F. H. (1924). *Social psychology.* Houghton-Mifflin.

Asch, S. E. (1951). Effects of group pressure upon the modification and distortion of judgments. In H. Guetzkow (ed.), *Groups, leadership, and men.* Carnegie Press.

Bateson, M., Nettle, N. & Roberts, G. (2006). Cues of being watched enhance cooperation in a real-world setting. *Biology Letters*, 2, 412-414.

Boyd, R. & Richerson, P. J. (1985). *Culture and the evolutionary processes.* University of Chicago Press.

Conover, M. D., Gonçalves, B., Flammini, A. & Menczer, F. (2012). Partisan asymmetries in online political activity. *EPJ Data Science*, 1, 6.

Deutsch, M. & Gerard, H. B. (1955). A study of normative and informational social influences upon individual judgment. *Journal of Abnormal and Social Psychology*, 51, 629-636.

Festinger, L. (1954). A theory of social comparison processes. *Human Relations*, 7, 117-140.

Granovetter, M. (1978). Threshold models of collective behavior. *American Journal of Sociology*, 83, 1420-1433.

Hastie, R. & Kameda, T. (2005). The robust beauty of majority rules in group decisions. *Psychological Review*, 112, 494-508.

Jackson, J. M. (1960). Structural characteristics of norms. In G. E. Jensen (ed.), *The dynamics of instructional groups.* Chicago University Press.（末吉悌次ほか訳『学習集団の力学』1967年、黎明書房）

Kameda, T. & Sugimori, S. (1995). Procedural influence in two-step group decision making: Power of local majorities in consensus formation. *Journal of Personality and Social Psychology*, 69, 865-876.

Kuroda, K., Ogura, Y., Ogawa, A., Tamei, T., Ikeda, K. & Kameda, T. (2022). Behavioral and neuro-cognitive bases for emergence of norms and socially shared realities via dynamic interaction. *Communications Biology*, 5, 1379.

Latané, B. & Wolf, S. (1981). The social impact of majorities and minorities. *Psychological Review*, 88, 438-453.

Martin, R. & Hewstone, M. (Eds.), (2010). *Minority influence and innovation: Antecedents, processes, and consequences.* Psychology Press.

Moscovici, S. (1976). *Social influence and social change.* Academic Press.

Moscovici, S., Lage, E. & Naffrechoux, M. (1969). Influence of a consistent minority on the responses of a majority in a colour perception task. *Sociometry,* 32, 365-379.

Nemeth, C. J. (1986). Differential contribution of majority and minority influence. *Psychological Review,* 93, 23-32.

Noelle-Neumann, E. (1966). *Öffentliche Meinung und Soziale Kontrolle.* Mohr.

Nowak, A., Szamrej, J. & Latané, B. (1990). From private attitude to public opinion: A dynamic theory of social impact. *Psychological Review,* 97, 362-376.

Ogura, Y., Masamoto, T. & Kameda, T. (2020). Mere presence of co-eater automatically shifts foraging tactics toward 'Fast and Easy' food in humans. *Royal Society Open Science,* 7, 200044.

Sherif, M. (1936). *The psychology of social norms.* Harper and Row.

Simon, H. A. (1990). A mechanism for social selection and successful altruism. *Science,* 250, 1665-1668.

Smith, E. R. & Conrey, F. R. (2007). Agent-based modeling: A new approach for theory building in social psychology. *Personality and Social Psychology Review,* 11, 87-104.

Spence, K. W. (1956). *Behavior theory and conditioning.* Yale University Press.

Triplett, N. (1898). The dynamogenic factors in pacemaking and competition. *American Journal of Psychology,* 9, 527-533.

Zajonc, R. B. (1965). Social facilitation: A solution is suggested for an old unresolved social psychological problem. *Science,* 149, 269-274.

（第 3 部）

亀田達也 (2017).『モラルの起源―実験社会科学からの問い』岩波書店 .

亀田達也 (2022).『連帯のための実験社会科学―共感・分配・秩序』岩波書店 .

Axelrod, R. (1984). *The evolution of cooperation.* Basic Books.（松田裕之訳『つきあい方の科学―バクテリアから国際関係まで』1998 年、ミネルヴァ書房）

Axelrod, R. (1986). An evolutionary approach to norms. *American Political Science Review,* 80, 1095-1111.

Cialdini, R. B. (2009). Influence: Science and practice (5th ed.). Pearson Education.（社会行動研究会訳『影響力の武器［第三版］―なぜ、人は動かされるのか』2014 年、誠信書房）

Cosmides, L. (1989). The logic of social exchange: Has natural selection shaped how humans reason? Studies with the Wason selection task. *Cognition,* 31, 187-276.

Davis, M. H. (1983). Measuring individual differences in empathy: Evidence for a multidimensional approach. *Journal of Personality and Social Psychology,* 44, 113-126.

Dawes, R. M. (1980). Social dilemmas. *Annual Review of Psychology,* 31, 169-193.

di Pellegrino, G., Fadiga, L., Fogassi, L., Gallese, V., & Rizzolatti, G. (1992). Understanding motor events: a neurophysiological study. *Experimental Brain Research,* 91, 176-80.

Ekeh, P. P. (1974). *Social exchange theory: The two traditions.* Harvard University Press.（小川浩一訳『社会的交換理論』

1980年、新泉社）

Fehr, E. & Fischbacher, U. (2004). Social norms and human cooperation. *Trends in Cognitive Sciences*, 8, 185-190.

Fehr, E. & Schmidt, K.M. (1999). A theory of fairness, competition, and cooperation. *Quarterly Journal of Economics*, 114, 817-868.

Foa, U. G. & Foa, E. B. (1974). *Societal structures of the mind*. Charls C Thomas.

Gouldner, A. W. (1960). The norm of reciprocity: A preliminary statement. *American Sociological Review*, 25, 161-178.

Hardin, G. (1968). The tragedy of the commons. *Science*, 162, 1243-1248.

Kameda, T., Murata, A., Sasaki, C., Higuchi, S. & Inukai, K. (2012). Empathizing with a dissimilar other: The role of self-other distinction in sympathetic responding. *Personality and Social Psychology Bulletin*, 38, 997-1003.

Latané, B. & Darley, J. M. (1970). *The unresponsive bystander: Why doesn't he help?* Appleton-Century-Crofts.（竹村研一・杉崎和子訳『冷淡な傍観者―思いやりの社会心理学』1977年、ブレーン出版）

Maynard Smith, J. (1982). *Evolution and the theory of games*. Cambridge University Press.（寺本英・梯正之訳『進化とゲーム理論―闘争の論理』1985年、産業図書）

Nowak, M. A. & Sigmund, K. (2005). Evolution of indirect reciprocity. *Nature*, 437, 1291-1298.

Ohtsuki, H. & Iwasa, Y. (2006). The leading eight: Social norms that can maintain cooperation by indirect reciprocity. *Journal of Theoretical Biology*, 239, 435-444.

Ostrom, T. M. & Sedikides, C. (1992). Out-group homogeneity effects in natural and minimal groups. *Psychological Bulletin*, 112, 536-552.

Pruitt, D. G. & Kimmel, M. J. (1977). Twenty years of experimental gaming: Critique, synthesis, and suggestions for the future. *Annual Review of Psychology*, 28, 363-392.

Schachter, S. (1959). *The psychology of affiliation*. Stanford University Press.

Sherif, M., Harvey, O. J., White, B. J., Hood, W. R. & Sherif, C. W. (1961). *Intergroup conflict and cooperation: The Robbers Cave experiment*. Institute of Group Relations, University of Oklahoma.

Singer, T., Seymour, B., O' Doherty, J., Kaube, H., Dolan, R.J. & Frith, C.D. (2004). Empathy for pain involves the affective but not sensory components of pain. *Science*, 303, 1157-1162.

Tajfel, H., Flament, C., Billig, M. G. & Bundy, R. P. (1971). Social categorization and intergroup behavior. *European Journal of Social Psychology*, 1, 149-178.

Tajfel, H. & Turner, J. C. (1986). The social identity theory of intergroup behaviour. In S. Worchel & W. G. Austin (eds.), *Psychology of intergroup relations* (2nd ed.). Nelson-Hall Publishers Chicago（world Cat より）.

Thibaut, J. W. & Kelley, H. H. (1959). *The social psychology of groups*. Wiley.

Trivers, R. L. (1971). The evolution of reciprocal altruism. *The Quarterly Review of Biology*, 46, 35-57.

Yamagishi, T. (1986). The provision of a sanctioning system as a public good. *Journal of Personality and Social Psychology*, 51, 110-116.

（第4部）

Boehm, C. (1996). Emergency decisions, cultural-selection mechanics, and group selection. *Current Anthropology*, 37, 763-793.

Galton, F. (1907). Vox populi. *Nature*, 75, 450-451.

Hastie, R. & Kameda, T. (2005). The robust beauty of majority rules in group decisions. *Psychological Review*, 112, 494-508.

Hutchins, E. (1990). The technology of team navigation. In J. Galegher, R. Kraut & C. Egido (eds.), *Intellectual team work: Social and technological foundations of cooperative work*. LEA.

Kameda, T. (1991). Procedural influence in small-group decision making: Deliberation style and assigned decision rule. *Journal of Personality and Social Psychology*, 61, 245-256.

Kameda, T., Toyokawa, W. & Tindale, R.S. (2022). Information aggregation and collective intelligence beyond the wisdom of crowds. *Nature Reviews Psychology*, 1, 345-357.

Kameda, T., Tsukasaki, T., Hastie, R., & Berg, N. (2011). Democracy under uncertainty: The wisdom of crowds and the free-rider problem in group decision making. *Psychological Review*, 118, 76-96.

Latané, B., Williams, K. & Harkins, S. (1979). Many hands make light the work: The causes and consequences of social loafing. *Journal of Personality and Social Psychology*, 37, 822-832.

Latané, B. & Wolf, S. (1981). The social impact of majorities and minorities. *Psychological Review*, 88, 438-453.

Lorge, I. & Solomon, H. (1955). Two models of group behavior in the solution of eureka-type problems. *Psychometrika*, 20, 139-148.

Ostrom, E. (1990). *Governing the commons: The evolution of institutions for collective action*. Cambridge University Press.

Shaw, M. E. (1932). A Comparison of individuals and small groups in the rational solution of complex problems. *The American Journal of Psychology*, 44, 491-504.

Stasser, G. (1992). Information salience and the discovery of hidden profiles by decision-making groups: A "thought experiment". *Organizational Behavior and Human Decision Processes*, 52, 156-181.

Stasson, M. F., Kameda, T., Parks, C. D., Zimmerman, S. K. & Davis, J. H. (1991). Effects of assigned group consensus requirement on group problem solving and group members' learning. *Social Psychology Quarterly*, 54, 25-35.

Steiner, I. D. (1972). *Group process and productivity*. Academic Press.

Stoner, J. A. F. (1961). A comparison of individual and group decisions involving risk. Unpublished Master's Thesis, School of Industrial Management, MIT.

Surowiecki, J. (2004). The wisdom of crowds: Why the many are smarter than the few and how collective wisdom shapes business, economies, societies, and nations. Doubleday.（小高尚子訳『「みんなの意見」は案外正しい』2006年、角川書店）

Wegner, D. M. (1987). Transactive memory: A contemporary analysis of the group mind. In B. Mullen & G. R. Goethals (eds.), *Theories of group behavior*. Springer-Verlag.

（第 5 部）
亀田達也 (2017).『モラルの起源ー実験社会科学からの問い』岩波書店 .
北山忍 (1998).『自己と感情ー文化心理学による問いかけ』共立出版 .
山岸俊男 (1998).『信頼の構造ーこころと社会の進化ゲーム』東京大学出版会 .
Henrich, J. (2015). *The secret of our success: How culture is driving human evolution, domesticating our species, and making us smarter.* Princeton University Press.（今西康子訳『文化がヒトを進化させた』2019 年、白楊社）
Henrich, J., Boyd, R., Bowles, S., Camerer, C., Fehr, E. & Gintis, H. (Eds.) (2004). *Foundations of human sociality: Economic experiments and ethnographic evidence from fifteen small-scale societies.* Oxford University Press.
Jacobs, J. (1992). *Systems of survival: a dialogue on the moral foundations of commerce and politics.* Random House.（香西泰訳『市場の倫理 統治の倫理』2016 年、ちくま学芸文庫）
Laland, K. (2017). *Darwin's unfinished symphony: How culture made the human mind.*（豊川航訳『人間性の進化的起源ーなぜヒトだけが複雑な文化を創造できたのか』2023 年、勁草書房）
Nisbett, R. E. & Cohen, D. (1996). *Culture of honor: The psychology of violence in the South.* Westview Press.（石井敬子・結城雅樹編訳『名誉と暴力ーアメリカ南部の文化と心理』2009 年、北大路書房）
Putnam, R. D. (1993). *Making democracy work: Civic tradition in modern Italy.* Princeton University Press.

（第 6 部）
Banerjee, A. V. & Duflo, E. (2012). *Poor economics: A radical rethinking of the way to fight global poverty.* PublicAffairs.（山形浩生訳『貧乏人の経済学ーもういちど貧困問題を根っこから考える』2012 年、みすず書房）
Banerjee, A. Duflo, E., Goldberg, N., Karlan, D. Osei, R., Parienté, W., Shapiro, J., Thuysbaert, B. & Udry, C. (2015). A multifaceted program causes lasting progress for the very poor: Evidence from six countries. *Science*, 348, 1260799.
Comte, A. (1875). *The system of positive polity* (Vol. 4). (Trans.) Longmans Green.
Gibson, J. J. (1979). *The ecological approach to visual perception.* Houghton Mifflin.
Golder, S. A. & Macy, M. W. (2011). Diurnal and seasonal mood vary with work, sleep, and daylength across diverse cultures. *Science*, 333, 1878-1881.
Lazer, D., Pentland, A. Adamic, L., Aral, S., Barabási, A. L., Brewer, D., Christakis, N., Contractor, N., Fowler, J., Gutmann, M., Jebara, T., King, G., Macy, M., Roy, D. & Alstyne, M. V. (2009). Computational social science. *Science*, 323, 721-723.
Salganik, M. J. (2018). *Bit by bit: Social research in the digital age.* Princeton University Press.（瀧川裕貴・常松淳・阪本拓人・大林真也訳『ビット・バイ・ビットーデジタル社会調査入門』2019 年、有斐閣）
Schelling, T. C. (1978). *Micromotives and macrobehavior.* Norton.（村井章子訳『ミクロ動機とマクロ行動』2016 年、勁草書房）

亀田達也（かめだ　たつや）
1960年生まれ。東京大学大学院社会学研究科修士課程、イリノイ大学大学院心理学研究科博士課程修了、Ph.D.（心理学）。現在は東京大学大学院人文社会系研究科社会心理学研究室教授。著書に『モラルの起源―実験社会科学からの問い』（岩波新書）、『連帯のための実験社会科学―共感・分配・秩序』（岩波書店）、『合議の知を求めて―グループの意思決定』（共立出版）、共編著に『複雑さに挑む社会心理学―適応エージェントとしての人間』（有斐閣）、『「社会の決まり」はどのように決まるか』（フロンティア実験社会科学6、勁草書房）、『文化と実践―心の本質的社会性を問う』（新曜社）、『社会のなかの共存』（岩波講座 コミュニケーションの認知科学 第4巻、岩波書店）などがある。

大学4年間の社会心理学が10時間でざっと学べる

2023年9月4日　初版発行

著者／亀田 達也

発行者／山下 直久

発行／株式会社KADOKAWA
〒102-8177　東京都千代田区富士見2-13-3
電話 0570-002-301（ナビダイヤル）

印刷所／大日本印刷株式会社
製本所／大日本印刷株式会社

●お問い合わせ
https://www.kadokawa.co.jp/（「お問い合わせ」へお進みください）
※内容によっては、お答えできない場合があります。
※サポートは日本国内のみとさせていただきます。
※Japanese text only

定価はカバーに表示してあります。

ISBN 978-4-04-606075-4　C2011